W0404870

WARUM bin ich bloß Lehrer geworden?

Wie Sie die Freude an Ihrem Beruf zurückgewinnen

Jonas Lanig

Verlag an der Ruhr

Impressum

Titel
Warum bin ich bloß Lehrer geworden?
Wie Sie die Freude an Ihrem Beruf zurückgewinnen

Autor
Jonas Lanig

Titelbildmotiv
© Alexey Rumyantsev | Fotolia.com

Verlag an der Ruhr
Mülheim an der Ruhr
www.verlagruhr.de

Geeignet für die Klassen 1–13

Unser Beitrag zum Umweltschutz:
Wir sind seit 2008 ein ÖKOPROFIT®-Betrieb und setzen uns damit aktiv für den Umweltschutz ein. Das ÖKOPROFIT®-Projekt unterstützt Betriebe dabei, die Umwelt durch nachhaltiges Wirtschaften zu entlasten. Unsere Produkte sind grundsätzlich auf chlorfrei gebleichtes und nach Umweltschutzstandards zertifiziertes Papier gedruckt.

ISBN 978-3-8346-2754-4

Printed in Germany

Inhalt

Inhalt

Vorwort

Deutschlands Lehrer* können sich nicht beklagen: Sie haben einen sicheren Arbeitsplatz, sie verdienen überdurchschnittlich viel und sind im Alter gut versorgt. Darüber hinaus dürfen sie mittags nach Hause gehen. Und bekanntlich dauern ihre Ferien länger als die anderer Berufsgruppen. Auf den ersten Blick sind wir Lehrer also in jeder Hinsicht privilegiert, scheinen wir mit unserem Beruf das ganz große Los gezogen zu haben.

Offensichtlich haben die vermeintlichen Privilegien aber auch ihre Kehrseiten, wird „das ganz große Los" von vielen eher als Unglück empfunden. Warum sonst geben manche Lehrer schon nach wenigen Jahren entnervt auf? Warum sonst halten so viele Lehrer nur mithilfe von Suchtmitteln und Psychopharmaka durch? Warum sonst ist die Zahl der Frühpensionierungen und der Todesfälle hier größer als in anderen Berufen?

„Ich habe fertig." – Es war ein frustrierter Fußballtrainer, der mit diesen ungelenken, aber ehrlichen Worten immer wieder zitiert wird. Und viele Lehrkräfte werden diese Selbsteinschätzung des Giovanni Trapattoni teilen: Sie beobachten an sich, dass sie **den Belastungen ihres Berufs auf Dauer nicht gewachsen** sind. Sie erleben, dass sie das System von Schule und Unterricht genauso krank macht wie die ihnen anvertrauten Schüler. Sie leiden darunter, dass sich die Schule immer mehr von ihrem eigenen Anspruch entfernt und dass sie an solchen Divergenzen zunehmend kaputtgehen. Da bleiben dann oft nur der Rückzug, der Ausstieg oder die innere Emigration.

Der vorliegende **Überblick über die Erscheinungsformen und Ursachen solcher Krisen** nimmt diese Phänomene eines beruflichen Scheiterns ernst. Denn die Nöte der Lehrer dürfen nicht als hypochondrische Spinnereien oder als bloße Luxusprobleme abgetan werden. Auch wer um den Bestand seiner Stimme fürchtet, wer unter der zunehmenden Verkopfung des Unterrichts leidet oder wer sich innerhalb des Kollegiums isoliert fühlt, hat Anspruch auf Fürsorge und Ermutigung. Das gilt übrigens für **Lehrkräfte aller Altersgruppen** – auch wenn Fachleute die Gruppe der 45- bis 60-Jährigen als besonders anfällig und in hohem Maße als gefährdet beschreiben.

Es wäre allerdings unverantwortlich, den betroffenen Lehrkräften lediglich Aufmerksamkeit und Verständnis zu signalisierten. Es kann nicht damit getan sein, diese einfach nur in einer desillusionierten Sicht auf die eigene Situation zu bestärken – vielmehr muss ihnen auch ein **Ausweg aus Frust und Verzweiflung**

* Aus Gründen der besseren Lesbarkeit haben wir in diesem Buch durchgehend die männliche Form verwendet. Natürlich sind damit auch immer Frauen und Mädchen gemeint, also Lehrerinnen, Schülerinnen etc.

angeboten werden. Dabei sind eigene Verhaltensweisen und schulische Strukturen in gleicher Weise auf den Prüfstand zu stellen, können subjektive Alternativen ebenso weiterhelfen wie objektive Veränderungen. So kann einem von Zeitdruck und Hetze geplagten Kollegen mit einem gezielten Stressmanagement ebenso gedient sein wie mit einem festen Arbeitsplatz an der Schule. Und so kann eine an ihrem Einzelkämpferstatus verzweifelnde Lehrerin von einer kollegialen Hospitation ebenso profitieren wie von der Bildung von Jahrgangsstufenteams. Schließlich soll sich niemand mit seinen beruflichen Nöten allein gelassen fühlen.

So behandeln die Kapitel in diesem Buch zusammen **25 verschiedene Fallbeispiele** (jeweils mit fiktiven Namen versehen), was deutlich macht, wie vielfältig die Gründe sein können, die uns Lehrer daran zweifeln lassen, ob wir die richtige Berufswahl getroffen haben. Jeder Fall wird genau unter die Lupe genommen, um die Ursachen der Krise zu ermitteln und einen möglichen Lösungsweg aufzuzeigen. Dabei **orientieren sich alle vorgeschlagenen Lösungen am Leitbild einer humanen Schule:** Hier wird eine pädagogische Kultur gepflegt, die den Schülern ein **Lernen ohne Angst** und den Lehrern ein **Arbeiten ohne Druck** ermöglicht. Weil die Grundsätze eines humanen und demokratischen Umgangs unteilbar sind, profitieren Schüler und Lehrer davon in gleicher Weise.

Dass **jede Krise immer auch eine Chance** ist – diese häufig strapazierte Lebensregel gilt ungeachtet ihrer oft floskelhaften Verwendung. Tatsächlich bedarf es oft erst einer krisenhaft zugespitzten Situation, um längst überfällige Veränderungen endlich anzugehen und einen lange hinausgezögerten Vorsatz in die Tat umzusetzen. Dass solche Schritte lohnen und dass sie gelingen – dafür will dieses Buch einen praktikablen und inspirierenden Beweis antreten.

Jonas Lanig

Kapitel 1

„Dieser Beruf ruiniert meine Gesundheit."

Zu den Hinterlassenschaften der untergegangenen DDR zählten viele Begrifflichkeiten, gehörte manches Zitat. So mahnte ein Wort Michail Kalinins in vielen Lehrerzimmern an einen Grundsatz aller sozialistischen Erziehung: „*Wer leuchten will, muss selber brennen.*" Dem würde man auch in einem demokratischen Schulwesen gern beipflichten. Schließlich kann junge Menschen nur erreichen, wer seinem Beruf mit Leidenschaft und Begeisterung nachgeht. Im Reich der Margot Honecker freilich reichte die Strahlkraft dieses Feuers nicht besonders weit. Unter den rigiden Auflagen einer allmächtigen Bildungsbürokratie war die von Kalinin beschworene Begeisterung bald erstickt, glimmte das Feuer pädagogischer Leidenschaft nur noch schwach. Ähnliche Erfahrungen müssen auch hierzulande viele Lehrkräfte machen. Jenseits von Blauhemd und Stasi müssen sie sich eingestehen, dass sie niemanden mehr zu illuminieren vermögen – weil sie inzwischen selber ausgebrannt sind und die anfängliche Begeisterung für ihren Beruf längst erloschen ist. Sie erleben, wie ihre Gesundheit durch ihr schulisches Engagement belastet ist und wie sich dieses Handicap an immer neuen Beeinträchtigungen zeigt. Vielleicht sollte man sich daran erinnern, dass die von Kalinin eingeforderte Brennleistung nur unter der Zuführung von Sauerstoff möglich ist. Eine solche Sauerstoffzufuhr aber verlangt neue Erfahrungen, ungewöhnliche Ideen und spannende Projekte. Und hier ist an den meisten Schulen noch viel Luft nach oben.

Erschöpft und ausgebrannt

Christina Scholten (45), *Lehrerin an einer Gesamtschule*

Ich bin Lehrerin aus Leidenschaft. Und deshalb war dieser Beruf für mich nie ein schnöder Broterwerb, sondern immer Auftrag und Berufung zugleich. Ich bin glücklich, dass ich es hier mit Menschen zu tun habe – und nicht nur mit abstrakten Vorgängen oder totem Material. Und ich bin dankbar, dass ich hier immer wieder gefordert bin – und mich nie auf die vermeintliche Routine meiner beruflichen Erfahrungen verlassen kann. Meine Schüler schätzen mich als engagierte Lehrerin, auch wenn sie mir das nicht immer zu danken wissen. Und die Kollegen an der Gesamtschule wissen meinen pädagogischen Idealismus zu würdigen, auch wenn ich deswegen manchmal belächelt werde.

Nach 18 Jahren ist meine pädagogische Passion ungebrochen. Und doch hat sich der Elan der frühen Jahre inzwischen aufgezehrt, ist von der anfänglichen Tatkraft nicht mehr viel übrig. Immer mehr Probleme bereitet es mir, mich aufzuraffen und die vor mir liegenden Aufgaben anzugehen. Mit Sorge beobachte ich, wie schwer mir morgens das Aufstehen fällt – und das nicht nur, weil ich schon lange nicht mehr durchschlafen kann. Kummer macht mir auch, wie lange ich jeden Tag die Unterrichtsvorbereitung und die Korrekturen hinauszögere – und daran sind nicht nur die ständigen Verspannungen und Kopfschmerzen schuld. Inzwischen bekommen sogar meine Schüler mit, dass unter diesen Belastungen auch die Qualität meiner Arbeit leidet: Im Unterricht reagiere ich immer öfter fahrig und gereizt, meine Stunden geraten mir zunehmend konzeptions- und ideenlos und sogar in der Projektarbeit häufen sich inzwischen Fehlgriffe und Pannen. Solche Misserfolge machen es mir doppelt schwer, mich immer wieder neu zu motivieren und das Bild der vorbildlich engagierten Lehrerin aufrechtzuerhalten.

Dabei habe ich einiges getan, um den Kopf wieder freizubekommen und mich ganz auf meine schulischen Aufgaben zu konzentrieren: Ich habe mich aus dem Gospelchor zurückgezogen, habe meinen Vertrag mit dem Fitness-Studio gelöst und gehe nur noch ganz selten zum „Weiber-Stammtisch“. So habe ich den zunehmenden Kräfteverschleiß aufzuhalten versucht. Und doch haben solche Schritte nichts daran ändern können, dass ich mich in immer kürzeren Abständen erschöpft fühle.

Ich habe deshalb Angst, dass ich kurz vor einem Burnout stehe oder dass mich diese Krankheit sogar vielleicht schon eingeholt hat. Gerade für eine so leidenschaftliche Pädagogin wie mich wäre das eine berufliche und persönliche Katastrophe. Noch will ich gar nicht daran denken, was das für mich alles für Konsequenzen hätte …

Als Lehrerin dürfte Frau Scholten immer wieder Kollegen begegnet sein, die unter einem **Burnout-Syndrom** zu leiden hatten und für deren berufliche Laufbahn dies einen erheblichen Einschnitt bedeutete. Das Burnout-Syndrom bezeichnet einen chronischen Erschöpfungszustand, der von unterschiedlichen psychischen und körperlichen Beeinträchtigungen begleitet wird und von der Weltgesundheitsorganisation WHO offiziell als Krankheit anerkannt ist. Zu denken geben sollte, dass ein solcher Burnout bevorzugt in sozialen und pädagogischen Berufen auftritt, also unter Ärzten, Pflegekräften, Erziehern, Sozialpädagogen und Lehrkräften besonders verbreitet ist. Eine Studie des Freiburger Psychosomatikers Joachim Bauer kommt zu dem Ergebnis, dass 35 % der Lehrkräfte in Deutschland unter dem Burnout-Syndrom leiden und dass jeder fünfte Lehrer einer fachärztlichen Behandlung bedarf[1]. Besonders gefährdet sind dabei jene Lehrkräfte, die in ihrem Beruf stark engagiert sind und damit eigene Werte und Ziele verbinden.

Sie stellen an sich und ihre Arbeit besondere Ansprüche und sind für die Anforderungen anderer besonders empfänglich. Damit sind sie einem besonderen Erwartungsdruck ausgesetzt, dem sie durch überdurchschnittliches Engagement und eine kontinuierliche Steigerung ihrer Arbeitsleistung zu entsprechen versuchen. Insofern zählt die gestresste Kollegin Frau Scholten zur Risikogruppe der besonders gefährdeten Pädagogen, die irgendwann die Grenze ihrer Belastbarkeit erreicht haben.

Erste Anzeichen eines bevorstehenden Burnouts deuten sich an, wenn Sie die Arbeit im Klassenzimmer nur noch lustlos und antriebsarm angehen und wenn Ihre Kraftreserven in immer kürzeren Intervallen erschöpft sind. Viele besonders engagierte Lehrkräfte wollen solche Anzeichen nicht wahrhaben. Sie akzeptieren erst dann, dass sie an Ihrer beruflichen Belastungssituation etwas ändern müssen, wenn sich erste **psychosomatische Begleiterscheinungen** einstellen. Als solche Begleiterscheinungen eines sich abzeichnenden Burnout-Syndroms lassen sich

- ➔ Verspannungen
- ➔ Kopfschmerzen
- ➔ Schlafstörungen
- ➔ Probleme mit dem Kreislauf
- ➔ Probleme im Magen- und Darmbereich
- ➔ Essstörungen
- ➔ Suchtprobleme

interpretieren und einordnen. Natürlich können solche Phänomene auch ganz andere Ursachen haben; als mögliche Indizien eines chronischen Erschöpfungszustandes müssen sie aber durchaus ernst genommen werden.

Tipp

Noch keinen diagnostischen Befund, aber eine erste und eher vage Einschätzung vermittelt Ihnen ein **Selbsttest für Lehrkräfte**, wie er inzwischen auch im Internet angeboten wird. Hier geht es nicht nur um körperliche Anzeichen („Ich bin anfällig für Krankheiten.“), sondern auch um psychische Indikatoren („Ich ertappe mich in Tagträumereien.“) oder soziale Auffälligkeiten („Begegnungen mit anderen Menschen stressen mich.“). Unter www.martina-suess.at/kostproben/burnout-selbsttest finden Sie nicht nur einen entsprechenden Fragebogen, sondern können auch eine erste Auswertung abrufen.

Wer sich ausführlicher mit dem Thema Burnout-Prävention und -Selbsteinschätzung beschäftigen möchte, findet in folgendem Buch zahlreiche praktische Checklisten, Übungen und Tipps:
„Burnout-Falle Lehrerberuf? Infos, Tests und Strategien zum Vorbeugen, Erkennen, Bewältigen“ von Micaela Peter und Ulrike Peter,
Verlag an der Ruhr 2013, ISBN 978-3-8346-2325-6

Gerade weil vom Burnout-Syndrom bevorzugt idealistische und hochmotivierte Lehrkräfte betroffen sind, kommen vorbeugende Maßnahmen in vielen Fällen zu spät. Hier bleibt den Betroffenen dann nur eine mehrwöchige Behandlung, der sich in der Regel eine langfristige Therapie anschließt. Um sich einem **Aufenthalt in einer Spezialklinik** zu unterziehen, bedarf es der Krankschreibung durch einen Facharzt. Für die **Kur in einem Sanatorium** muss eine Beurlaubung beantragt werden. Solche therapeutischen Maßnahmen zeigen, dass ein solcher Erschöpfungszustand eine ernst zu nehmende Gefährdung Ihrer Gesundheit darstellt, die sich nicht mit ein paar Pillen oder einem einmaligen Arztbesuch aus der Welt schaffen lässt.

Damit es dazu gar nicht erst kommt, sind die Betroffenen ebenso in der Pflicht wie ihr Arbeitgeber. Schließlich handelt es sich beim Burnout-Syndrom um eine berufsbedingte Erkrankung, sind bei der Vorbeugung also beide Seiten gefordert. Im Rahmen eines **präventiven Gesundheitsschutzes** geht es immer darum, berufsbedingte Stresssituationen abzubauen und feste Entspannungs- und Erholungsphasen einzuplanen. So können Sie selbst einem möglichen Burnout vorbeugen, indem Sie

- ➔ **keine zusätzlichen Aufgaben** übernehmen, sich von bisher ausgeübten Ämtern und Funktionen trennen und sich aus dem einen oder anderen Gremium verabschieden. Eine solche **Aufgabenkritik** kann Ihnen helfen, Ihre Gesamtbelastung zu reduzieren und sich in der Kunst des Loslassens zu üben.
- ➔ alle **Aufgaben in einem vorher festgelegten Zeitrahmen erledigen** und diese selbst gewählte Grenze nicht überschreiten. Sie können sonst zum Opfer eines falsch verstandenen Perfektionismus werden. Ohne einen gewissen **„Mut zur Lücke“** sind Sie in unserem Beruf ohnehin zum Scheitern verurteilt!
- ➔ für jeden Tag und jede Woche **verbindliche Zeitfenster einplanen**, die von allen dienstlichen Verpflichtungen freigehalten werden müssen. So sollten Sie nach dem Unterricht eine längere Regenerationsphase einlegen, ihre tägliche Arbeitszeit vor dem „Heute Journal“ enden lassen und dafür sorgen, dass wenigstens ein Tag in der Woche frei von allen schulischen Terminen und Tätigkeiten bleibt.
- ➔ sich einen **festen Arbeitsplatz in der Schule** zuweisen lassen. Langfristig sollte es ihr Ziel sein, die Unterrichtsvorbereitung und die anfallenden Korrekturen nur noch in der Schule zu erledigen und so Arbeit und Privatleben besser voneinander zu trennen.
- ➔ sich **ausreichend Zeit für Ihre Hobbys**, für Ihr **ehrenamtliches Engagement** und für Ihre **sozialen Kontakte** nehmen. Hier haben Sie einen Zielkonflikt mit sich selbst auszutragen, den Sie zugunsten Ihrer persönlichen Interessen entscheiden sollten. Schließlich sollen Sie nicht nur Ihre Schüler zu ganzheitlich gebildeten Persönlichkeiten erziehen, sondern diese Ganzheitlichkeit auch für sich selbst in Anspruch nehmen.

- ➔ die tägliche **Arbeit am Schreibtisch durch sportliche Aktivitäten kompensieren.** Dazu sollten Sie bestimmte **Rituale** übernehmen und diese in Ihren Tagesablauf integrieren – wie die tägliche Fahrt zur Schule mit dem Rad. Oder Sie sollten sich einer Gruppe anschließen, bei der die Teilnahme immer mit einer gewissen Verpflichtung verbunden ist – wie beim Mannschaftssport im Kollegenkreis.
- ➔ den **Konsum von Alkohol und Zigaretten einschränken** und dafür regelmäßige Auszeiten einplanen. So könnten Sie die alljährliche Fastenzeit nutzen, um sieben Wochen ganz ohne die klassischen Suchtmittel eines Workaholics auszukommen, oder sich eine solche Abstinenz für die Zeit des Ramadan vornehmen.

Frau Scholten war deshalb schlecht beraten, als sie immer mehr private Termine absagte, um sich ganz auf ihre schulischen Aufgaben zu konzentrieren. Hier hätte sich ihr ein attraktiver Ausgleich zu ihrem dienstlichen Arbeitspensum angeboten. Um zu ihrer inneren Balance zurückzufinden, hätte es gerade eines solchen Ausgleichs bedurft.

Neben den betroffenen Lehrkräften selbst können auch **Schulleitung und Schulverwaltung** dazu beitragen, dass es zu einem solchen Burnout gar nicht erst kommt. So sollten sie im Sinne vorbeugender Maßnahmen dafür Sorge tragen, dass

- ➔ schulinterne **Fortbildungen zur beruflichen Gesundheitsprävention** angeboten werden, um einen sich abzeichnenden Erschöpfungszustand rechtzeitig zu erkennen.
- ➔ an jeder Schule ein **Beauftragter für den Arbeits- und Gesundheitsschutz** ernannt wird, der den betroffenen Lehrkräften als fachkundiger Ansprechpartner zur Verfügung steht.
- ➔ sich interessierte Kollegen zu einem **Gesundheitszirkel** zusammenschließen, um die Risikofaktoren im pädagogischen Alltagsgeschäft zu minimieren.
- ➔ an den Schulen **Räume für Erholungs- und Entspannungsphasen** eingerichtet werden, weil das Lehrerzimmer für solche Regenerationszeiten ein denkbar schlechter Ort ist.
- ➔ alle Kollegen **Anspruch auf einen festen Arbeitsplatz** in der Schule haben, der ihnen auch nach Unterrichtsschluss und am Wochenende zur Verfügung steht.
- ➔ gefährdete Kollegen im Rahmen eines **Mitarbeitergesprächs** darauf aufmerksam gemacht werden, wie sie sich eine Auszeit nehmen und so den schulischen Belastungsdruck abbauen können.

Sie haben es sich verdient: In einem Sabbatjahr neue Kraft tanken

Dem täglichen Stress im Lehrerberuf **regelmäßige Auszeiten** entgegenzusetzen – das ist der vielleicht sicherste Weg, um einem drohenden Burnout vorzubeugen.

Sowohl die verbeamteten Kollegen als auch die Lehrkräfte im Angestelltenverhältnis können zwischen unterschiedlichen Teilzeitmodellen wählen. In der Regel werden Sie bei Ihrem Dienstvorgesetzten beantragen, die Anzahl Ihrer Wochenstunden zu reduzieren – und damit eine entsprechende Gehaltskürzung akzeptieren. Eine solche **Stundenreduzierung** muss nicht mit familiären Verpflichtungen oder gesundheitlichen Beeinträchtigungen begründet werden. Denn inzwischen weiß man auch in den zuständigen Ämtern, dass eine solche Teilzeitlösung dem Stressabbau dient und damit unabhängig von allen außerschulischen Belastungssituationen grundsätzlich zu befürworten ist. Allerdings sollten Sie sich vorher zusichern lassen, dass

- ➔ Sie bei einer Stundenkürzung Anspruch auf einen freien Tag in der Woche haben und dass damit nicht nur ein Anstieg der Freistunden verbunden ist.
- ➔ Sie nur noch alle zwei Jahre eine Klassenleitung übernehmen oder grundsätzlich nur noch als stellvertretender Klassenlehrer eingesetzt werden.
- ➔ Sie seltener zu Vertretungen und Aufsichten herangezogen werden und dass sich für Sie auch die Zahl der Wandertage, Exkursionen und Klassenfahrten etc. verringert.

Schließlich haben Sie als Teilzeitlehrkraft ohnehin zusätzliche Opfer zu bringen: Wie alle anderen Kollegen müssen Sie einmal in der Woche eine Sprechstunde abhalten und an sämtlichen Konferenzen, Sitzungen und Elternabenden teilnehmen. Außerdem stehen Sie immer in der Gefahr, die durch die Stundenreduzierung gewonnene Zeit in eine noch gründlichere Vorbereitung des Unterrichts oder eine noch engagiertere pädagogische Arbeit zu investieren. Dadurch aber würde sich Ihre Arbeitsbelastung nicht wirklich verringern, würde der eigentliche Zweck dieses Angebots also verfehlt.

Vielleicht entscheiden Sie sich aber auch für die konsequenteste Variante einer **schulischen Auszeit**: das Sabbatjahr oder Sabbitical. Anhand des folgenden Flyers können Sie sich über die besonderen Möglichkeiten dieser inzwischen in allen Bundesländern eingeführten Regelung informieren.

Das Sabbatjahr

Eine Information Ihrer Personalvertretung

Das Sabbatjahr ist ursprünglich eine Errungenschaft des israelischen Schulwesens. Das Modell wurde von vielen anderen Ländern übernommen – und wird inzwischen auch in Deutschland angeboten. In jedem Fall geht es um eine einjährige Auszeit, für die Lehrkräfte auf einen Teil ihres Einkommens verzichten.
Im Rahmen des Sabbatjahrs können vielleicht auch Sie Abstand von der Schule gewinnen und einen möglichen Burnout vermeiden. Damit fördert das Sabbatjahr Ihr Leistungsvermögen und Ihre Zufriedenheit mit dem Beruf.
Das Modell eines Sabbatjahrs richtet sich zunächst an verbeamtete Lehrkräfte und ist im Einzelnen durch Landesgesetze geregelt. Angestellte Lehrkräfte müssen die Konditionen eines Sabbatjahrs mit ihrem Arbeitgeber aushandeln. In manchen Bundesländern sind Lehrkräfte, die eine Funktionsstelle innehaben, von diesem Angebot ausgenommen.
Das Sabbatjahr funktioniert jeweils über ein Ansparmodell: Dabei verzichten Sie z. B. sechs Jahre lang auf ein Siebtel Ihres Gehalts – diese Bezüge stehen Ihnen dann aber auch während des anschließenden Sabbatjahrs zu. Die Praxis des Ansparens kann sich – je nach Bundesland – auf einen Zeitraum von zwei bis sieben Jahren erstrecken.
Darüber, wie Sie das freie Jahr gestalten wollen, entscheiden Sie ganz allein. So können Sie ein Auslandsjahr einlegen, ein ehrenamtliches Praktikum absolvieren oder eine Zusatzqualifikation erwerben. Sie können aber auch eine Weltreise unternehmen, Ihr Eigenheim energetisch sanieren, einen unvollendeten Roman fertigstellen oder sich auf eine politische Karriere vorbereiten. Wenn Sie nach dem Sabbatjahr eine Rückkehr an Ihre alte Schule planen, so müssen Sie das vorher mit Ihrem Arbeitgeber absprechen.
Die Antragstellung muss vor dem ersten Ansparjahr erfolgen. Dabei ist der Dienstweg einzuhalten und zweckmäßigerweise auch die Personalvertretung in Kenntnis zu setzen.

Nähere Informationen erhalten Sie unter www.sabbatjahr.org, beim Personalreferat der zuständigen Schulbehörde, bei der Gewerkschaft Erziehung und Wissenschaft (GEW) oder bei der Personalvertretung Ihrer Schule.

Frau Scholten hat den Eindruck, dass dieses Angebot auf Ihre ganz persönliche Belastungssituation zugeschnitten ist. Denn sie ahnt, dass ihr ein bisschen Teilzeit auch nicht weiterhelfen würde. Sie weiß aber auch, dass ein solches Sabbatjahr gut geplant sein will, um sich in dieser Zeit neu zu sortieren und ihr Verhältnis zur Schule auf eine neue Basis zu stellen. Deshalb plant die ausgebrannte Lehrerin, sich in der ersten Hälfte des Sabbatjahres auf eine griechische Insel zurückzuziehen, wo Freunde von ihr ein Häuschen besitzen und wo sie bevorzugt mit dem Skizzenblock unterwegs sein möchte. In der zweiten Hälfte ihrer selbst gewählten Auszeit will Frau Scholten eine Blockausbildung absolvieren, um an ihrer Schule künftig als Inklusionsberaterin zu arbeiten. So ganz nebenbei will sie sich einer Yogagruppe anschließen und in der Volkshochschule den Kurs „Jiddisch für Anfänger“ belegen. Schließlich soll es künftig für die engagierte Lehrerin auch wieder ein Leben außerhalb der Schule geben.

Mal kränkelnd, mal leidend, mal krank

Dietrun Krajewski (53), *Lehrerin an einer Regionalschule*

Ich traue mir kein Urteil darüber zu, ob Schule wirklich krank macht. Dass ich aber dauernd an irgendwelchen Krankheiten herumlaboriere – das weiß ich nur allzu gut. Deshalb erlebe ich das Schuljahr als einen immer wiederkehrenden Parcours größerer und kleinerer Leiden. So macht mir in den ersten Wochen regelmäßig mein Kreislauf zu schaffen, während mich nach den Herbstferien jeweils eine Novemberdepression einholt. In den Wintermonaten habe ich ständig Probleme mit den Atemwegen, bin ich eigentlich immer erkältet. Oft falle ich dabei längere Zeit wegen einer schweren Grippe aus. Im Frühjahr plagen mich dann regelmäßig Skelettprobleme, die sich in Form von Rückenschmerzen oder Ischiasleiden bemerkbar machen. Mit zunehmendem Alter macht mir im Frühsommer mein Heuschnupfen zu schaffen, bevor ich in der heißen Jahreszeit dann mit Herzrasen und Schwindelgefühlen zu kämpfen habe.

Mal kränkelnd, mal leidend, mal krank – ich bin mir ganz sicher, dass dieses Erscheinungsbild weniger meiner angegriffenen Konstitution als einem ungesunden Arbeitsplatz geschuldet ist. Denn den anderen Lehrkräften scheint es nicht besser zu gehen als mir. Das zeigt sich nicht nur an den Fehlzeiten des Kollegiums, sondern auch an den Pausengesprächen im Lehrerzimmer: Da tauscht man sich zunehmend über Verdauungsprobleme und Schlafstörungen aus, da erzählt man sich von der Urhirse und von der Aroniabeere wahre

Wunderdinge, da rühmt man die Segnungen des Lachyoga oder die nachhaltige Wirkung der Sieben Tibeter.

Wer gesund leben möchte, der sollte sich lieber für einen anderen Arbeitsplatz entscheiden. Denn unser Beruf ist durch zahlreiche Risikofaktoren belastet; und Lehrkräfte wie ich scheinen dafür besonders empfänglich. So herrscht in den meisten Klassenzimmern ein ganz ungesundes Raumklima vor. Durch die Schüler werden ständig irgendwelche Infektionen eingeschleppt. Und meine Stimme ist durch den akustischen Großeinsatz dauernd überfordert. Dazu kommt die lange Zeit, die ich am Schreibtisch verbringe und die meinen Rücken zusätzlich belastet. Unter solchen Vorzeichen erscheint es irgendwie logisch, wenn wir Lehrer uns von Krankheit zu Krankheit hangeln und wenn wir uns nie so ganz gesund fühlen. Überflüssig auch die Frage, wie in einen derart angegriffenen Körper jemals ein gesunder Geist Einzug halten kann …

Auch in einem zivilisierten Land bleiben einem Krankheiten nicht erspart. Aber die Betroffenen sollten wenigstens Gelegenheit haben, diese auch auszukurieren. Und sie sollten in Ruhe gelassen werden, um sich physisch und mental ganz auf ihre Genesung zu konzentrieren. Doch genau das ist uns Lehrern verwehrt: Kraftlos, fiebrig und heiser schleppen wir uns in die Schule – auch wenn wir überhaupt nicht einsatzfähig sind und lieber das Bett hüten sollten. Aber vielleicht steht wieder einmal ein wichtiger Elternabend bevor, der keinesfalls ausfallen darf und für den wir uns mühsam auf den Beinen halten. Vielleicht gibt es für unsere Schüler vor einer schwierigen Klassenarbeit noch einiges zu üben, weswegen wir trotz Fieber unseren Unterricht halten. Vielleicht haben sich bereits viele andere Kollege krankgemeldet und wir wollen den Stundenplanreferenten nicht noch weiter in Bedrängnis bringen. Fast immer fallen uns gute Gründe ein, um die dringend notwendige Genesung zu vertagen und uns entgegen dem Rat der Ärzte in die Schule zu schleppen. In vielen anderen Berufen wäre das einfach undenkbar – uns Lehrern aber mutet man einen solchen Opfergang ganz selbstverständlich zu. Am Wochenende und in den Ferien sind deshalb viele Kollegen vorrangig mit der Wiederherstellung ihrer Gesundheit beschäftigt. Aber auch dieser Umstand ist eigentlich kein Zustand.

Dass wir angegriffen und angekränkelt unseren Dienst versehen, dürfte auf Dauer an die Substanz gehen. Deshalb sollte es zu denken geben, wenn auffallend viele Lehrkräfte vor Erreichen des Pensionsalters sterben. Und ich weiß, dass ich nicht dazugehören möchte.

Die kränkelnde Lehrerin beruft sich hier auf statistische Erhebungen zur Lehrergesundheit. Und tatsächlich bestätigen die trockenen Zahlen ihren eher spontanen Eindruck: So ist es eigentlich nicht hinnehmbar, dass die **Mortalitätsrate** der Lehrkräfte über der anderer Berufsgruppen liegt. Zwar wird inzwischen nur noch jeder fünfte Lehrer wegen **Dienstunfähigkeit** vorzeitig in Pension geschickt(2). Aber es sollte doch zu denken geben, dass jede zweite **Frühpensionierung** aufgrund einer psychischen oder psychosomatischen Erkrankung erfolgt, wir Lehrkräfte für seelische Leiden also besonders empfänglich sind(3).
Tatsächlich sollten wir über alle konzeptionellen und pädagogischen Diskurse nicht vergessen, dass die Schule auch ein Arbeitsplatz ist. Deshalb ist hier zunächst der **Schulträger** gefordert, den **Anforderungen des gesundheitlichen Arbeitsschutzes** Genüge zu tun und mögliche Risiken für Leib und Leben zu reduzieren. Vielleicht können Sie einige der folgenden Veränderungen an Ihrer Schule erfolgreich anregen:

1. Die Fürsorge des Arbeitgebers macht zunächst **bauliche Maßnahmen** notwendig. Schließlich stammen viele Schulhäuser aus einer Zeit, in der baubiologische Erfordernisse noch kaum bekannt waren und sich die Prinzipien eines gesunden Bauens noch nicht durchgesetzt hatten. Als Ausgleich zu einer krank machenden Schulhausarchitektur lässt sich auch mit finanzierbaren Eingriffen einiges erreichen. So lässt sich die Raumsituation schon dadurch verbessern,
   - ➔ dass alle Klassenzimmer und Fachräume mit Pflanzen bestückt werden, die von den Schülern gepflegt und versorgt werden müssen.
   - ➔ dass in allen Klassenzimmern geräuscharme Luftbefeuchter installiert werden, um die strapazierten Atemwege zu entlasten.
   - ➔ dass die Wandtafeln gegen moderne Whiteboards ausgetauscht werden und der Kreidestaub damit für alle Zeiten aus dem Klassenzimmer verbannt bleibt.
   - ➔ dass die Garderoben außerhalb des Klassenzimmers angebracht werden und die nassen Jacken und Mäntel der Schüler hier „ausdünsten“ können.

2. Darüber hinaus sind **organisatorische Eingriffe** notwendig, um die Lehrkräfte vor gesundheitlichen Risiken zu schützen. Weil alle Schulen mit ähnlichen Problemen konfrontiert sind, empfiehlt sich ein Blick über den Tellerrand: Vielleicht werden solche organisatorischen Veränderungen an anderen Schulen schon längst praktiziert, hat man damit anderswo gute Erfahrungen gemacht. So könnte sich die Schulkonferenz darauf verständigen,
   - ➔ dass ein rotierender Dienst eingerichtet wird, der für ein gesundes Raumklima verantwortlich ist. Er hat dafür zu sorgen, dass das Klassenzimmer zu Beginn des Unterrichts gelüftet wird und dass es zu einem regelmäßigen Austausch der Raumluft kommt.

- ➔ dass der Stundenwechsel jeweils im Rahmen einer 5-minütigen Kurzpause stattfindet, was den Auftrieb in den Treppenhäusern entzerrt und den Lehrkräften manchen Stress erspart.
- ➔ dass den Schülern der Zugang zum Lehrerzimmer in der zweiten Pause verboten ist, damit die Lehrkräfte wenigstens eine Pause ganz für sich haben.
- ➔ dass für die Lehrkräfte gegen Ende der Sommerferien eine eigene Planungswoche angesetzt wird, in der sie organisatorische Arbeiten erledigen und ihre Unterrichtsplanung aufeinander abstimmen können.
- ➔ dass an der Schule langfristig das Lehrerraumprinzip eingeführt wird und damit jeweils eine Lehrkraft für die Ausstattung und den Zustand des ihr zugewiesenen Raums verantwortlich ist.

3. Schließlich können geeignete **Präventionsstrategien** dabei helfen, die gesundheitliche Situation der Lehrkräfte zu verbessern. So wird niemand warten wollen, bis sich die Erkrankungen im Kollegium häufen und die ausgefallenen Lehrkräfte nicht mehr vertreten werden können. Früherkennung und Vorbeugung sind deshalb nicht nur aus humanitären, sondern auch aus organisatorischen Gründen sinnvoll. So sollte man rechtzeitig daran denken,
   - ➔ dass sich das Kollegium regelmäßig einem Gesundheits-Check unterzieht und der Fokus dabei vor allem auf die Früherkennung möglicher Burnout-Symptome gelegt wird.
   - ➔ dass alternativ zum Kollegensport berufsspezifische Kurse zur Progressiven Muskelentspannung, zum aktiven Erholungsverhalten und zur Stimmbildung angeboten werden.
   - ➔ dass ein Mitglied der Personalvertretung als Vertrauensmann/Vertrauensfrau für Lehrkräfte mit Suchtproblemen benannt und für diese sensible Aufgabe entsprechend qualifiziert wird.

Alle diese Maßnahmen dienen der Lehrergesundheit und sind deshalb zunächst auf die Zielgruppe der Lehrkräfte zugeschnitten. Dennoch handelt es sich hier nicht um ein Programm für Privilegierte. Denn von den meisten Veränderungen dürften **auch die Schüler profitieren**. So wird auch unter ihnen die Zahl der Erkrankungen zurückgehen, wenn sich die Raumluft verbessert oder wenn zusätzliche Kurzpausen eingeführt werden. Und so werden es auch die Schüler begrüßen, wenn sie in einem grünen Klassenzimmer lernen oder durch die Einführung des Lehrerraumprinzips mehr Bewegung haben. Die **gesunde Schule** ist deshalb immer ein Projekt, an dem alle Gruppen in gleicher Weise beteiligt sind. Das gilt auch für einen Pädagogischen Tag, bei dem nach neuen Wegen zu einer gesunden Schule gesucht wird.

Damit die Schule nicht länger krank macht: Ein Gesundheitstag für das ganze Kollegium

Für viele Lehrkräfte ist der Umgang mit Gesundheit und Krankheit eine eher private Angelegenheit, die sich nicht für den kollegialen Diskurs eignet. Dabei haben zahlreiche Erkrankungen im Kollegium strukturelle Ursachen, ist hier also ein gemeinsames Handeln verlangt. Die Initiative dazu kann von einem kleinen Kreis engagierter Kollegen ausgehen, die sich zu einem **Gesundheitszirkel** zusammenfinden und sich mit Fragen der Lehrergesundheit und gesundheitspädagogischen Projekten beschäftigen. Es hat sich bewährt, wenn in einem solchen Zirkel die unterschiedlichen Hierarchieebenen einer Schule vertreten sind und wenn die Moderation von einem externen Kollegen übernommen wird. Damit das Leitbild einer gesunden Schule aber kein Insiderprojekt bleibt, muss das ganze Kollegium in diesen Prozess eingebunden und für dieses Vorhaben gewonnen werden. Deshalb empfiehlt es sich, dazu eine **schulinterne Fortbildung** anzubieten und diese in Form eines **Pädagogischen Tags** zu organisieren.

Tipp

Alle Jahre wieder dürfte auch an Ihrer Schule eine Grippewelle grassieren, die erhebliche Ausfälle im Lehrerkollegium nach sich zieht. Der Frust über die damit verbundenen Vertretungen ist unter den Kollegen erfahrungsgemäß groß. **Nutzen Sie diese Unzufriedenheit**, um die Kollegen zu einem **gemeinsamen Nachdenken über Fragen der Gesundheitsprävention** anzuregen, und schlagen Sie der Schulleitung vor, dazu einen Gesundheitstag anzubieten. Nach den von vielen krankheitsbedingten Ausfällen geprägten Wintermonaten dürften auch Ihre Kollegen für dieses Vorhaben empfänglich sein. Damit würde ihnen ein solcher Gesundheitstag nicht einfach übergestülpt, sondern wäre Ausdruck einer gemeinsamen Betroffenheit.

Das Programm des **Gesundheitstags** wird von einer Vorbereitungsgruppe auf der Basis der vom Kollegium geäußerten Bedürfnisse und Anregungen erstellt. Als methodische Module einer solchen Fortbildungsveranstaltung bieten sich an:

- ein **Einführungsreferat**, das die thematische Bandbreite einer gesunden Schule skizziert und dabei Fragen der Lehrergesundheit und der Gesundheitspädagogik in den Mittelpunkt rückt
- thematische **Workshops**, bei denen einzelne Aspekte des Themas herausgearbeitet werden („Krankheitsfallen in Schulhaus und Klassenzimmer“,

„Kollegiales Stressmanagement", „Dem Burnout erfolgreich vorbeugen", „Gesundheitliche Aufklärung im Fachunterricht", „Umgang mit psychisch kranken Schülern", „Suchtprävention als schulische Schwerpunktaufgabe") etc.

- ➔ praktische **Übungseinheiten** („Rückenschule für Einsteiger", „Praxis des Autogenen Trainings", „Entspannungsübungen für Lehrkräfte", „Die Kunst des aktiven Erholens", „Übungen zu Stimmbildung und Stimmtraining", „Lehrer lernen Jonglieren") etc.
- ➔ ein abschließendes **Plenum**, bei dem die Ergebnisse des Fortbildungstags zusammengefasst werden und sich das Kollegium auf die Agenda einer gesunden Schule verständigt. Wie eine solche Agenda aussehen könnte, sehen Sie in folgendem Beispiel:

Agenda einer gesunden Schule

Die Ergebnisse unseres Pädagogischen Tags

Was wir umgehend tun und ändern können:

1. Die Mitglieder des Gesundheitszirkels führen unter den Schülern und Lehrkräften sowie unter dem nicht pädagogischen Personal eine Umfrage durch, bei der nach den krank machenden Faktoren in Schule und Unterricht gefragt wird.
2. In den Klassen der 5. bis 7. Jahrgangsstufe werden Ampeln installiert, die den Schülern anzeigen, wenn das Lärmaufkommen bestimmte Grenzwerte überschreitet.
3. Eine Neufassung der Hausordnung regelt, dass sich künftig alle Schüler in den Pausen in die Schulhof begeben und nicht länger in den Gängen und Fluren aufhalten. Bei Regenwetter gilt eine Sonderregelung.
4. Alle Schüler der 8. Klassen nehmen an einem eintägigen Workshop zur Suchtprävention teil, der in Zusammenarbeit mit der Drogenberatung der Stadtmission durchgeführt wird.
5. Der vor Jahren eingestellte Kollegensport wird reaktiviert. Im Mittelpunkt stehen dabei Entspannungsübungen für Lehrkräfte und andere Angebote zu einem aktiven Erholungsverhalten.

Was wir im Verlauf des Schuljahres verändern wollen:

1. Alle Klassen sind aufgefordert, ihre Klassenräume im Rahmen eines Werktags mit schallschluckenden und hallmindernden Materialien auszustatten. Der Werktag soll an einem Samstag stattfinden, um möglichst vielen Eltern eine Beteiligung zu ermöglichen.
2. In allen 9. Klassen wird ein besonderer Thementag stattfinden, bei dem sich die Schüler mit der Thematik von Gesundheit und Krankheit aus der Sichtweise unterschiedlicher Fächer auseinandersetzen.
3. Im Rahmen einer Personalversammlung wird ein Mitglied des Bezirkspersonalrats darüber informieren, welche Teilzeitmöglichkeiten den Lehrkräften offenstehen und wie ein Sabbatjahr organisiert ist.
4. Durch die Mitglieder des Gesundheitszirkels wird die Gründung einer Balintgruppe vorbereitet, um damit einen Beitrag zur Burnout-Prävention zu leisten.
5. Der örtliche Personalrat schließt mit der Schulleitung eine Dienstvereinbarung zu möglichen Suchtproblemen innerhalb des Kollegiums, bei der die Aspekte der Prävention und der Unterstützung im Mittelpunkt stehen.

Was wir langfristig in Angriff nehmen sollten:

1. Lehrkräfte, die in einer bestimmten Jahrgangsstufe eingesetzt sind, sollen jeweils ein Stufenteam bilden, um die anstehenden Arbeiten untereinander aufzuteilen und sich so gegenseitig zu entlasten.
2. Künftig soll jeder Kollege Anspruch auf einen festen Arbeitsplatz in der Schule haben, um den Feierabend und das Wochenende von schulischen Pflichten freizuhalten und Beruf und Privatleben besser voneinander zu trennen.
3. Anstelle der Klassenzimmer soll der Unterricht künftig in Fachräumen stattfinden, für die jeweils eine bestimmte Lehrkraft verantwortlich ist. Damit wird der stressreiche Stundenwechsel für den einzelnen Lehrer entlastet.
4. Zu Beginn des Schuljahres werden den Kollegen regelmäßig Workshops zu Zeitorganisation und Stressmanagement angeboten, um einer möglichen Arbeitsverdichtung vorzubeugen.
5. Der frühere Bücherkeller soll zu einer Erholungsoase umgestaltet werden, damit die Lehrkräfte ihre Freistunden und Brückenzeiten in einer ruhigen und entspannten Atmosphäre verbringen können.

Vielleicht wird Frau Krajewski einen solchen Gesundheitstag anfangs eher skeptisch beurteilt haben. Schließlich lässt sich ihr Problem nicht mit irgendwelchen Referaten oder Diskussionen beheben. Nach Abschluss der schulinternen Fortbildung dürfte sich dieser Eindruck aber etwas aufgehellt haben: Endlich hatte die kränkelnde Kollegin zum ersten Mal Gelegenheit, sich mit anderen Lehrkräften über die Gesundheitsrisiken ihres Berufs auszutauschen. Und diese neue Offenheit sollte es ihr erleichtern, mit ihren Problemen künftig ehrlicher und selbstbewusster umzugehen. Eine angegriffene Gesundheit ist eben kein privates Schicksal – sondern eine Herausforderung, die nur **von Kollegium, Schulleitung und Schulverwaltung gemeinsam in Angriff genommen** werden kann.

Ständig unter Strom

Wolfgang Fleischer (56), *Lehrer an einem Berufsbildungszentrum*

„Sie gefallen mir gar nicht.“ – Der Kardiologe hat mich durch verschiedene Apparate geschleust, einem Belastungstest unterzogen und anschließend gründlich untersucht. Doch seine Diagnose fällt wenig schmeichelhaft aus: Der Blutdruck zu hoch, Herz und Kreislauf aus dem Lot, ein Infarkt nicht mehr auszuschließen. Erklären kann sich das aber auch dieser angesehene Facharzt nicht: „Sie rauchen nicht, Sie trinken nicht, Sie ernähren sich ausgewogen. Sie leben gesünder als die meisten unserer Landsleute.“ Und während er mich maliziös durch seine randlose Brille mustert: „Außerdem sind Sie Lehrer, dürften also auch beruflich wenig Stress haben. Nach allem, was man so weiß.“

Gar nichts weiß dieser Herr im weißen Kittel! Denn in meinem Beruf stehe ich eigentlich immer unter Strom, bewege ich mich dauernd am Limit. Mein Unterrichtstag ist ein stressreicher Marathon, der mir immer wieder meine Grenzen vor Augen führt – nervlich wie psychisch. Hier prasseln tausend Reize auf mich ein, hier fühle ich mich von tausend Seiten gefordert. Würde mich dieser Doktor Allwissend einmal in der großen Pause erleben – er würde über meine Belastungssituation ganz anders reden: Immer werde ich an die Tür des Lehrerzimmers gerufen, weil irgendein Schüler etwas von mir wissen will. Gleichzeitig gibt es mit den Kollegen immer etwas abzusprechen, müssen wir uns zwischen Tür und Angel kurz austauschen und auf dem Laufenden halten.

Auch zu Hause bin ich ständig unter Druck – obwohl ich hier vor nervigen Schülern und aufgedrehten Kollegen geschützt bin. Dafür fühle ich mich am

heimischen Schreibtisch wie ein Getriebener, dem die Zeit davonläuft und der vor seinem täglichen Arbeitspensum kapituliert. Zu Hause stehe ich genauso unter Strom wie im Klassenzimmer, weil mich hier die Suche nach der verlorenen Zeit umtreibt und regelmäßig in Panik versetzt. Immer wieder habe ich das Gefühl, einen Vorgang nicht wirklich abschließen zu können, mit einer Aufgabe nicht wirklich fertig zu sein. Dadurch gerate ich immer wieder in Zeitnot. Und dieser Druck legt sich auch dann nicht, wenn ich zusätzliche Arbeitsschichten einlege oder ganze Nächte am Schreibtisch verbringe.

Der an meiner physischen und psychischen Verfassung zweifelnde Kardiologe hat mir jetzt Marcumar verschrieben, einen weit verbreiteten Blutgerinnungshemmer. Auf dem Beipackzettel finde ich den Hinweis: „Wechseln Sie Ihren Beruf, wenn dieser dauerhaft mit Stress und Hetze verbunden ist. Ihre Gesundheit sollte Ihnen einen solchen Schritt wert sein.“ Zwar gehöre ich nicht zu denen, die von solchen Beipackzetteln etwas halten. Aber vielleicht wäre ein beruflicher Wechsel tatsächlich besser als weitere Problemlöser aus den Labors der Pharmaindustrie.

Herr Fleischer ist sicherlich kein Einzelfall. Und jeder Arbeitsmediziner könnte ihm bestätigen, dass **Herz- und Kreislauferkrankungen unter Lehrern besonders verbreitet** sind. So ist davon auszugehen, dass hier das Risiko einer Herz- und Kreislauferkrankung höher ausfällt als in anderen Berufen und dass 10% aller Frühpensionierungen damit begründet werden[4].

Das hat zunächst mit der besonderen Stresssituation zu tun, die jeder Lehrer im Rahmen seines Unterrichts erlebt und die ihn in einen Zustand extremer Anspannung versetzt. Viele Kollegen werden dem genervten Berufsschullehrer deshalb Recht geben, weil sie sich wie er ständig gefordert und einem Mix unterschiedlicher Reize ausgesetzt fühlen. Sie werden Herrn Fleischer aber auch darin zustimmen, dass der berufliche Stress in den eigenen vier Wänden weitergeht und hier als **allgegenwärtiger Zeitdruck** wahrgenommen wird. Viele Außenstehende können das kaum nachvollziehen: In ihren Augen dürfen wir Lehrer unsere Zeit selbst einteilen und damit viel flexibler umgehen als in allen anderen Berufen. Sie sehen in uns privilegierte Geschöpfe, die ihre Nachmittage mit einem Erholungsschlaf, einem Tennistraining oder der Korrektur von Schülerdiktaten verbringen und die selbst entscheiden können, welcher Aktivität sie jeweils den Vorzug geben. Gerade diese **vermeintlich offene Zeitgestaltung** aber macht Probleme. So klagen viele Lehrkräfte darüber, dass sie

- ➔ ihre Zeit mit **administrativen Routineaufgaben** vergeuden und darüber die eigentlichen pädagogischen Herausforderungen versäumen. Sie fühlen sich am Nachmittag oft so müde und kraftlos, dass sie ganz froh darüber sind, ihre Zeit mit dem Ausfüllen von Listen oder dem Sortieren von Klassenarbeiten zu verbringen.

- ➔ zu Hause regelmäßig vom Arbeiten abgelenkt werden und dass sie große Probleme damit haben, nach diesen Unterbrechungen zurück in den Arbeitsmodus zu finden. Zu solchen **Zeitfressern** gehören die Anrufe von Kollegen oder Eltern sowie Störungen durch einzelne Familienmitglieder – gelangweilte Haustiere eingeschlossen.
- ➔ ungeliebte Verpflichtungen immer weiter vor sich herschieben und es dadurch zu einem regelrechten Aufgabenstau kommt. Diese **Aufschieberitis** führt dazu, dass manche Aufgaben erst in allerletzter Minute erledigt werden und wir Lehrer deswegen fast immer ein schlechtes Gewissen haben.
- ➔ durch die unmittelbar bevorstehenden und deshalb besonders dringenden Termine so beansprucht werden, dass sie die wirklich wichtigen Aufgaben vernachlässigen. Unter dem Druck unabwendbarer Verpflichtungen haben wir oft das Gefühl, von der Hand in den Mund zu leben und deshalb ohne Plan und Perspektive zu agieren. Diese **Dringlichkeitsfalle** lässt die pädagogische Arbeit zu einem bloßen Termingeschäft verkommen.
- ➔ die Schule als einen reinen **Saisonbetrieb** erleben, in dem sich extrem arbeitsintensive Zeiten mit eher entspannten Phasen abwechseln. Viele von uns haben auch nach vielen Dienstjahren für sich noch keine Methode gefunden, um diese extremen Ausschläge zu vermeiden und anfallende Arbeiten besser über das Schuljahr zu verteilen.

Für die von Herrn Fleischer beklagte Hetze und Zeitnot sind sowohl objektive als auch subjektive Faktoren verantwortlich: Einerseits belastet uns die Institution Schule phasenweise durch eine unnötigen Termin- und Arbeitsverdichtung. Andererseits sind wir aber selbst schlecht organisiert, was uns immer wieder unter Zeitdruck geraten lässt. Deshalb sind die Schulleitung und das Lehrerkollegium zunächst gemeinsam gefordert, um die **strukturellen Belastungen des Schulalltags abzubauen**. In diesem Zusammenhang hat es sich bewährt, wenn

- ➔ die anfallenden Aufgaben regelmäßig auf den Prüfstand gestellt werden, um überflüssige Tätigkeiten auszumustern und die Kollegen zu entlasten. Im Rahmen einer solchen **Aufgabenkritik** könnte z. B. darauf verzichtet werden, im Zeugnis jeweils auf die angefallenen Fehltage hinzuweisen – weil das für uns Lehrer erfahrungsgemäß mit stundenlangen Recherchen im Klassenbuch verbunden ist.
- ➔ die Anforderungen an die einzelnen Lehrkräfte innerhalb des Kollegiums **gerechter verteilt** werden, damit alle in gleicher Weise beansprucht werden. So könnten die in den Abschlussklassen eingesetzten Lehrkräfte z. B. von den Pausenaufsichten entbunden werden – als Ausgleich zum zusätzlichen Korrektur- und Beratungsbedarf in diesen Klassen.

- einzelne Verwaltungsaufgaben **an die Schüler delegiert** werden, um das Zeitbudget der einzelnen Lehrkräfte wenigstens etwas zu entlasten. So sind Schüler der höheren Klasse sehr wohl in der Lage, die Rückmeldungen der Praktikumsstellen, die Einverständniserklärungen der Eltern oder die fälligen Beiträge für das Klassenfoto oder den Jahresbericht einzusammeln.
- der Aufgabenstau gegen Ende des Schuljahres durch eine **bessere Verteilung der Termine** über das Schuljahr aufgelöst wird. Aus diesem Grund finden an manchen Schulen die Klassenfahrten bereits zu Beginn des Schuljahres statt, weil hier die Lehrkräfte den Kopf noch frei haben und nicht mit anderen Pflichtaufgaben belastet sind.
- die Lehrkräfte bereits in der letzten Woche der großen Ferien zusammenkommen, um das neue Schuljahr zu planen und um gemeinsame Projekte vorzubereiten. So könnte sich mit einer **Planungswoche** vor Beginn des Schuljahres vermeiden lassen, dass sich in den ersten Wochen die Sitzungs- und Konferenztermine häufen und die Lehrkräfte kaum noch Zeit für ihre eigentlichen pädagogischen Aufgaben haben.

Neben solchen strukturellen Maßnahmen kann Herr Fleischer durch eine **andere Arbeitsorganisation** dazu beitragen, dass der Stress nicht überhandnimmt und er seine beruflichen Aufgaben mit etwas mehr Gelassenheit angeht. Ein **verbessertes Zeitmanagement** könnte dazu ein erster Schritt sein.

Damit Stress und Hetze ein Ende haben: Das eigene Zeitmanagement verbessern

Wer ohne Plan und System arbeitet, wird bald die Lust verlieren. Denn die Zeit ist ein kostbares Gut, mit dem Sie pfleglich umgehen und das Sie überlegt einsetzen sollten. So haben viele Lehrkräfte das Gefühl, dass ihnen die Zeit davonläuft und dass sie diese Aufholjagd nicht gewinnen können. Unter diesen Vorzeichen bleiben auch die Ergebnisse ihrer Arbeit unbefriedigend, weil sich hier zunehmend handwerkliche Mängel einschleichen. So führt der planlose Umgang mit der Ressource Zeit dazu,

- dass unaufschiebbare und zeitnahe Tätigkeiten vorrangig erledigt werden, während langfristig angelegte Aufgaben liegen bleiben und irgendwann ganz vergessen sind. Viele Lehrkräfte sind so sehr auf den nächsten Abgabetermin oder den bevorstehenden Stichtag fixiert, dass sie die wirklich wichtigen Dinge schließlich ganz aus den Augen verlieren.
- dass organisatorische Routineaufgaben einen großen Teil der Arbeitszeit beanspruchen, während konzeptionelle Vorhaben eher stiefmütterlich behandelt

werden. Viele Lehrer haben deshalb den Eindruck, nur noch zu funktionieren, sich mit ihren Ideen und Anliegen in ihrer pädagogischen Arbeit aber kaum noch wiederzufinden.

➔ dass der Auseinandersetzung mit den biorhythmisch begründeten Leistungseinbrüchen und den überall lauernden „Zeitdieben" mehr Aufmerksamkeit gewidmet wird als den eigentlichen pädagogischen Aufgaben. Der eigene Arbeitsplatz wird dadurch zu einer Festung, um die unterschiedlichen Ablenkungen und Stimmungsschwankungen abzuwehren.

Herrn Fleischer geht es so wie den meisten Lehrkräften: Niemand hat ihm während seiner Ausbildung beigebracht, wie er mit der ihm verfügbaren Arbeitszeit planvoll und effektiv umzugehen hätte. Es ist jedoch nie zu spät, um sich die Grundzüge eines erfolgreichen Zeitmanagements anzueignen – hier finden Sie zwölf hilfreiche Tipps auf einen Blick:

In zwölf Schritten zu einem erfolgreichen Zeitmanagement

1. Schritt:

Planen Sie das neue Schuljahr im Voraus und sorgen Sie damit für eine bessere Verteilung der anfallenden Arbeiten.

Grundlage Ihrer Jahresplanung könnte das von der Schulleitung vorgelegte Kalendarium mit allen offiziellen Veranstaltungen und Stichtagen sein. Dadurch können Sie Ihre Klassenarbeiten, Elternabende oder Unterrichtsgänge so terminieren, dass es zu keinem unnötigen Aufgabenstau kommt.

2. Schritt:

Nutzen Sie den freien Sonntag, um einen Arbeitsplan für die nächste Woche aufzustellen.

Dabei sollten Sie besondere schulische Veranstaltungen ebenso berücksichtigen wie private Termine. Im Wochenplan halten Sie fest, welche Aufgaben Sie sich für welchen Tag vorgenommen haben. Dadurch wird Ihr tägliches Arbeitspensum nicht länger von dem diktiert, was Sie bis morgen unbedingt erledigt haben müssen.

3. Schritt:
Setzen Sie Prioritäten – und legen Sie von vornherein fest, welche Aufgaben besonders engagiert und besonders sorgfältig erledigt werden müssen.

Ihr Zeitbudget ist viel zu knapp bemessen, als dass Sie alle Arbeiten mit der gleichen Genauigkeit und der gleichen Liebe zum Detail durchführen könnten. Deshalb sollten Sie vorab klären, welche Aufgaben eher oberflächlich erledigt werden können und welche besondere Konzentration und besonderen Einsatz verlangen.

4. Schritt:
Sortieren Sie die vor Ihnen liegenden Aufgaben nach Dringlichkeit und Wichtigkeit und führen Sie dazu entsprechende Symbole ein.

Nehmen Sie sich vor, besonders wichtige und dringliche Aufgaben mit einem Stern zu kennzeichnen, und reservieren Sie dafür 50 % Ihrer verfügbaren Arbeitszeit. Die dringlichen, aber eher unbedeutenden Aufgaben erhalten ein Ausrufezeichen (20 %) – und die wichtigen, aber eher langfristig zu erledigenden Arbeiten markieren Sie mit einem Kreis (30 %).

5. Schritt:
Planen Sie für jeden Tag besondere Qualitätszeiten ein, die Vorrang vor allen anderen Tätigkeiten haben sollten.

Solche Qualitätszeiten sollten Sie für konzeptionelle Arbeiten reservieren – wie die Planung einer Unterrichtseinheit, die Einführung offener Lernformen oder die Vorbereitung einer Stufenversammlung. Auch private Termine können in Ihrem Wochenplan als Qualitätszeiten ausgewiesen werden – wie der Kindergeburtstag Ihrer Tochter oder ein Termin vor dem Nachlassgericht.

6. Schritt:
Legen Sie in Ihrer Arbeitsplanung jeweils fest, welchen Zeitrahmen Sie für welche Aufgabe vorgesehen haben.

Durch eine solche Befristung lässt sich verhindern, dass Sie Ihre Zeit für unbedeutende Routinetätigkeiten verschwenden – während die wirklich wichtigen Aufgaben wieder einmal auf den nächsten Tag verschoben werden. Versuchen Sie jeweils, sich im Rahmen des selbst gewählten Zeitrahmens zu bewegen – auch wenn Ihr Hang zum Perfektionismus darunter leidet.

7. Schritt:

Setzen Sie sich mit Ihrem Biorhythmus auseinander und passen Sie Ihre Arbeits- und Ruhephasen Ihrer persönlichen Leistungskurve an.

Jede Tätigkeit gerät Ihnen zur Qual, wenn Sie sich gerade in einem Leistungstief befinden und einfach nichts mehr zustande bringen. In solchen Abschnitten Ihrer täglichen Leistungskurve sollten Sie liebe eine Ruhephase einlegen – um das nächste Leistungshoch umso motivierter und effektiver anzugehen.

8. Schritt:

Nehmen Sie sich täglich fünf Minuten Zeit, um Ihren Arbeitstag in Gedanken durchzugehen und seinen zeitlichen Ablauf mental abzuspeichern.

So bleibt es Ihnen erspart, erst in irgendwelchen Papieren zu stöbern, um sich einen Überblick über die anfallenden Arbeiten zu verschaffen. Nur wenn Sie mental vorbereitet sind, bleiben Sie vor unliebsamen Überraschungen verschont.

9. Schritt:

Planen Sie für den Ablauf Ihres Arbeitstags jeweils Pausen und Erholungszeiten ein.

Weil Sie kein Arbeitsroboter sind, werden Ihre Kraftreserven irgendwann einmal erschöpft sein. Deshalb sollten Sie rechtzeitig daran denken, dass spätestens nach 90 Minuten eine Pause fällig ist. Nutzen Sie diese Unterbrechung für etwas Abwechslung – wie einen Spaziergang mit dem Hund oder eine Teezeremonie auf dem Balkon.

10. Schritt:

Legen Sie sich ein Ordnersystem zu, das Ihnen einen raschen Zugriff auf Ihre abgelegten Materialien erlaubt.

So sollten Sie Ihre Unterrichtsentwürfe und Organisationshilfen in Aktenordner abheften und für laufende Themen eine Hängeregistratur anlegen. Auch die Datenverwaltung auf dem heimischen Rechner sollte einem übersichtlichen Ordnungssystem folgen.

11. Schritt:

Nehmen Sie sich einen Tag in der Woche Zeit, um alle überflüssigen Materialien auszusortieren und Platz auf Ihrem Schreibtisch zu schaffen!

Spätestens nach einer Woche sollten alle Papiere in einem Ordner abgeheftet oder im Papierkorb entsorgt worden sein. So vermeiden Sie die gefürchtete „Haufenbildung" auf Ihrem Arbeitsplatz, bei der einzelne Materialien regelmäßig gesichtet – und anschließend auf dem nächsten Haufen abgelegt werden.

12. Schritt:
Schalten Sie alle Störfaktoren aus, die Sie von Ihrer Arbeit abhalten!

Zu solchen Zeitfressern gehören Handy und Telefon, denn jeder Anruf stört Sie in Ihrer Konzentration. Deshalb wird Ihnen niemand übel nehmen, wenn Sie Anrufbeantworter und Mailbox einschalten – um sich ganz auf Ihren jeweiligen Arbeitszusammenhang zu konzentrieren.

Herr Fleischer erlebt sich oft als einen Getriebenen seines Terminkalenders. Je länger der gestresste Berufsschullehrer allerdings über seinen Umgang mit der Zeit nachdenkt, desto mehr fühlt er sich seinen Schülern verbunden. Denn auch die sehen sich einem zunehmenden Zeitdruck ausgesetzt und beklagen sich über die immer neuen Terminfallen, denen sie in Schule und Ausbildung ausgesetzt sind. Beide Seiten erleben die Schule als einen Saisonbetrieb, dessen Ungleichmäßigkeiten und Unausgewogenheiten nur mit **konsequenter Planung, nachvollziehbaren Prinzipien** und **einprägsamen Ritualen** beizukommen ist.

Tipp

Wer sich ausführlicher mit dem Thema Zeitmanagement beschäftigen möchte, findet in dem Buch zahlreiche hilfreiche Anregungen:
„Zeitmanagement im Lehrerberuf – Effektive Strategien für einen organisierten (Schul-)Alltag“ von Ursula Oppolzer, Verlag an der Ruhr 2014, ISBN 978-3-8346-2509-0

Angst um die Stimme

Maria Gröschel-Voigt (44), *Lehrerin an einer Grundschule*

Seit meiner Zeit im Referendariat weiß ich, dass die eigene Stimme das wichtigste Werkzeug eines Lehrers ist. So gesehen, bringe ich für diesen Beruf gute Voraussetzungen mit. Denn die Natur hat mich mit einer schönen Altstimme ausgestattet, die ich in diversen Chören ausprobieren und weiterentwickeln durfte. Inzwischen ist meine Stimme kratzig, brüchig, piepsig – und eigentlich bin ich immer heiser. Mag sein, dass sich meine Stimmbänder während der großen Ferien wieder einigermaßen erholen. Es dauert dann allerdings oft nur einen einzigen Schultag, bis sich der kaputte Sound meines Lehrerorgans wieder eingestellt hat.

Das hängt sicherlich damit zusammen, dass ich als Lehrerin meine Stimme dauernd überfordern muss. Um mich irgendwie verständlich zu machen, muss ich mich gleichzeitig gegen die Aufgedrehtheit meiner 25 Schüler und gegen die Nachhalleffekte im Klassenzimmer durchsetzen. Das führt dazu, dass ich schon lange nicht mehr spreche, sondern eigentlich nur noch schreie. Schließlich muss ich mich ja irgendwie verständlich machen, muss ich mich stimmlich gegen den dauernden Lärmpegel behaupten. Darüber hinaus fange ich mir jede Erkältung ein, die gerade im Umlauf ist. Deshalb gehören für mich Hustenpastillen und Papiertaschentücher zur pädagogischen Grundausstattung, deshalb erkennen mich die Schüler schon von Weitem am dauernden Husten, Krächzen, Niesen oder Schnupfen. Umso mehr strengt es mich an, immer bei Stimme zu sein und von wirklich allen Schülern verstanden zu werden. Wie mich dieser Beruf verschleißt, das merke ich vor allem an meiner Stimme. Und damit zahle ich einen hohen Preis.

Man hört immer wieder von Kolleginnen, deren Stimme eines Tages ganz ausgefallen ist. Auch nach einer Operation und einem anschließenden Aufenthalt im Sanatorium können sie sich nur flüsternd verständlich machen. Für den Lehrerberuf sind sie damit für alle Zeit verloren. Ich habe Angst, dass dieses Schicksal auch mich ereilen könnte. Und das macht mir mehr Sorge als der Verlust einer schönen Singstimme – mit dem ich mich ohnehin schon abgefunden habe.

Zu Recht beklagt sich hier eine Lehrerin über die **Lautstärke im Klassenzimmer**, die sich für sie an einer spürbaren Überforderung der eigenen Stimme bemisst. Unter dieser **Dauerbeschallung** haben aber nicht nur wir Lehrkräfte, sondern in gleicher Weise auch unsere Schüler zu leiden. Für uns alle gilt, dass der fortgesetzte Lärmpegel nicht nur unsere Stimmbänder ruiniert, sondern auch unsere Ohren und Nerven strapaziert. So haben Umweltpsychologen herausgefunden, dass geistige Arbeiten in einem akustischen Umfeld von über 54 Dezibel zusätzliche Anstrengungen erfordern und ein Geräuschpegel über diesem Grenzwert bereits als unangenehm empfunden wird. Das verträgt sich so gar nicht mit der Situation in unseren Klassenzimmern, in denen ein durchschnittlicher Lärmpegel von 70 Dezibel erreicht wird, der in Ausnahmefällen auf über 90 Dezibel ansteigen kann. Damit wird den Grundschülern und uns Lehrkräften eine punktuelle Lärmbelastung zugemutet, für die bei Arbeiten auf dem Bau oder in der Schwerindustrie bereits das Anlegen eines Hörschutzes empfohlen wird. Sich vor dieser Lärmkulisse überhaupt bemerkbar zu machen, erfordert tatsächlich eine dauernde

Überlastung der Stimmbänder. Und nicht jede Lehrkraft ist dieser akustischen Stresssituation auf Dauer gewachsen. Frau Gröschel-Voigt wendet sich gegen diese unhaltbaren Zustände in unseren Klassenzimmern. Und man wird nur allzu gut verstehen, wenn sie dafür nicht mit einer schleichenden Zerstörung der eigenen Stimme bezahlen möchte.

Die beschriebene Überbeanspruchung der Stimmbänder hat freilich auch mit der **kommunikativen Grundkonstruktion** des Unterrichts zu tun: Hier steht der **Lehrer immer noch im Mittelpunkt des Geschehens**, beansprucht er für sich mehr als die Hälfte der Redezeit. Das gilt freilich nicht nur für den Frontalunterricht, der sich an unseren Grundschulen ohnehin auf dem Rückzug befindet. Auch im Rahmen offener Unterrichtsformen und kooperativer Arbeitsmethoden fühlen wir Lehrkräfte uns zum Organisieren, Moderieren und Kontrollieren berufen. Und das alles verlangt den ganzen Einsatz unserer oft schon überforderten Stimme. So beenden viele Lehrkräfte eine Gruppenphase, indem sie gegen die aufgedrehte Stimmung im Klassenzimmer anzuschreien versuchen und damit den Lärmpegel noch weiter nach oben treiben. Sie setzen damit einen Teufelskreis in Gang, gegen dessen Eigendynamik sich allenfalls der erlösende Klang des Schulgongs zu behaupten vermag. Wer sich als Lehrer deshalb selbst zurücknimmt und **seine eigenen Redeanteile bewusst reduziert,** schont seine ohnehin belastete Stimme. Darüber hinaus dürfte jede Lehrkraft über ihre eigenen **Tricks** verfügen, **um sich stimmlich nicht dauernd verausgaben zu müssen**:

- ➔ So haben viele Lehrkräfte in ihren Klassen bestimmte **Rituale** eingeführt, um das Lärmaufkommen nicht ausufern zu lassen. In ihren Klassen wird z.B. ein Sprechstein von Schüler zu Schüler weitergereicht. Dabei gilt die Vereinbarung, dass nur reden darf, wer einen solchen Sprechstein in Händen hält. Dieses Ritual hat sich im Morgenkreis oder beim allwöchentlichen Palaver vielfach bewährt.
- ➔ Andere Kollegen vertrauen auf die Wirkung einer **Klangschale**, um den Schülern das Ende einer kommunikativen Phase anzukündigen, ohne gegen die Unruhe im Klassenzimmer anschreien zu müssen. Die Schüler wissen, dass sie ihre Gespräche einzustellen haben, wenn die Klangschale ertönt. Und sie haben dafür ein sensibles Gehör entwickelt.
- ➔ Wieder andere arbeiten mit **Signalkarten**, um die Schüler durch nonverbale Informationen zu erreichen und um niemanden anbrüllen zu müssen. Solche Signalkarten erinnern die Schüler z.B. daran, dass eine Stillarbeitsphase vereinbart wurde oder dass niemand seinen Platz verlassen darf. So lässt sich erreichen, dass die Kommunikation im Klassenzimmer nicht von den dauernden Aufforderungen, Ermahnungen und Zurechtweisungen der Lehrkraft dominiert wird.

- Manche Lehrer schwören auf eine **Ampel** im Klassenzimmer, an der die Schüler die Entwicklung des eigenen Lärmverhaltens ablesen können: Springt die Ampel auf Gelb, ist ein kritischer Wert erreicht. Wechselt sie aber auf Rot, ist die Lautstärke in der Klasse nicht mehr zu tolerieren. So wird den Schülern auch ohne stimmgewaltiges Donnerwetter bewusst, dass sie ihre Gespräche einstellen und damit die Lautstärke im Klassenzimmer von sich aus reduzieren müssen.
- In den höheren Klassen kann ein **Lärmprotokoll** eine Umstellung des gesamten Unterrichts auslösen: Hier notiert jeweils ein Schüler, wie sich das Lärmverhalten nach seiner subjektiven Beobachtung im Verlauf einer Unterrichtsstunde entwickelt. Daran lässt sich ablesen, welche Konstellationen die Lautstärke im Klassenzimmer ansteigen lassen und welche Arrangements ein Abschwellen des Lärms bewirken. Auf dieser Basis kann der Lehrer seinen Unterricht so planen, dass es zu einer akustischen Abrüstung aller Beteiligten kommt.

Schließlich bedarf es nur einiger weniger Eingriffe, um das Klassenzimmer so umzugestalten, dass die Lautstärke heruntergefahren und die Stimme der Lehrkräfte nachhaltig geschont wird. Im folgenden Abschnitt erfahren Sie, wie dies funktionieren kann.

Mit Kork, Filz und Glaswolle: Dem Klassenzimmer das Flüstern beibringen

Frau Gröschel-Voigt weiß, dass sie durch eine andere Anlage ihres Unterrichts zu einer Reduzierung des Lärms und damit zu einem fürsorglichen Umgang mit der eigenen Stimme beitragen kann. Genauso ist ihr bewusst, dass sie eine solche Vorleistung auch von ihren Schülern erwarten darf, damit deren Aufgedrehtheit die Lautstärke im Klassenzimmer nicht noch weiter ansteigen lässt. Darüber hinaus könnte die Ausstattung des Klassenzimmers dazu beitragen, dass Frau Gröschel-Voigt und ihre Schüler nicht länger einem akustischen Dauerstress ausgesetzt sind. Hier tun sich **in vielen Klassenzimmern regelrechte Lärmfallen** auf – nur dass sich bisher noch niemand daran gemacht hat, diese konsequent abzustellen.

Das Hauptproblem ist dabei der lange Nachhall, durch den sich verschiedene akustische Signale übereinanderschieben. So entsteht in vielen Klassenzimmern ein amorpher Lärmteppich, der eine differenzierte Wahrnehmung behindert oder wenigstens erschwert. Den Nachhall auf ein erträgliches Maß von höchstens 0,55 Dezibel zu verkürzen, muss deshalb das Ziel jeder **Umrüstung des Klassen-**

zimmers sein[5]. Darüber hinaus können Sie durch solche Eingriffe jeglichen Außenlärm vom Unterrichtsgeschehen fernhalten, lässt sich sogar das berüchtigte Quietschen beim Tafelanschrieb nachhaltig aus dem Klassenraum verbannen.

Für die Beseitigung solcher Lärmfallen müssen keine hochspezialisierten Handwerker engagiert werden. Hier genügen oft ein paar Handgriffe, um dem Klassenzimmer das Flüstern beizubringen. Diese dürften sich auch die Eltern Ihrer Schüler und die in der Klasse unterrichtenden Fachlehrer zutrauen. Sie sollten deshalb für Ihre Klasse einen **Werktag** einplanen und diesen z.B. auf einen freien Samstag legen. Im Rahmen eines solchen Werktags könnten sich engagierte Eltern und Kollegen vornehmen, alle lästigen Lärmquellen zu beseitigen:

Das flüsternde Klassenzimmer

Ein Beitrag zur akustischen Abrüstung

Boden

Ein „nackter“ Boden gehört zu den schlimmsten Lärmfallen im Klassenzimmer. Deshalb wird hier ein schallschluckender Teppichboden verlegt. Fliesen aus Kork haben übrigens einen ganz ähnlichen Effekt.

Decke

Mit Eierkartons an der Zimmerdecke ließe sich zwar der Lärm reduzieren – eine solche improvisierte Installation wäre aber kaum vermittelbar. Dieselbe Wirkung lässt sich mit einer Akustikdecke aus komprimierter Glaswolle erreichen.

Wände

Um den Nachhall zu vermindern, werden zwei Wände des Klassenzimmers mit einer Korkauflage beklebt. Damit verfügt das Klassenzimmer über zusätzliche Pinnflächen, um hier Schülerarbeiten auszustellen und Informationen anzubringen.

Tür

Hier empfiehlt es sich, die Scharniere wieder einmal zu ölen und das Türprofil neu zu montieren. Darüber hinaus werden die Innenflächen mit dämmenden Materialien, wie Filz oder Kork, bestückt.

Fenster

Die Fensterrahmen werden mit Dämmbändern abgedichtet. Das verbannt nicht nur den Straßenlärm aus dem Klassenzimmer, sondern trägt auch zu einer Reduzierung der Energiekosten bei.

Tische

Das Umstellen der Tische verursacht oft einen Höllenlärm. Deshalb werden diese mit Plastikgleitern ausgerüstet, damit sie sich leichter und vor allem geräuschärmer verschieben lassen.

Stühle

Weil die Stühle von den Schülern ständig bewegt werden, können auch sie zu Lärmfallen werden. Deshalb werden auf den Metallrahmen der Stühle bzw. an deren Füßen Lärmstopper angebracht, wie sie sich auch im Privathaushalt immer mehr durchsetzen.

Tafel

Die Tafel wird endgültig ausrangiert und durch ein geräuscharmes Whiteboard ersetzt. Daneben wird eine Ampel befestigt, an der die Schüler das aktuelle Lärmaufkommen ablesen können.

Vielleicht hat es Frau Gröschel-Voigt mit einer eher trägen Elternklientel zu tun, lassen sich auch die Fachlehrer ihrer Klasse nicht für ein solches Vorhaben begeistern. Dann sollte sie wenigstens die Schulleitung davon überzeugen, dass in ihrem Klassenzimmer solche lärmmindernden Eingriffe durchgeführt werden und dass dafür handwerkliche Profis engagiert werden. Solche Arbeiten sind **aus den Mitteln der kleinen Baupauschale zu finanzieren** und bedürfen deshalb keiner behördlichen Genehmigung. So könnte aus dem Klassenzimmer ein Referenzraum werden, durch den sich auch **ihre Kollegen für das Projekt eines flüsternden Klassenzimmers gewinnen** ließen.

Kapitel 2

„Das ist einfach kein Beruf für mich."

Den Dakota-Indianern wird eine Weisheit zugeschrieben, die sich auf viele Lebenslagen anwenden lässt: *„Wenn du entdeckst, dass du ein totes Pferd reitest – steig ab!"* Auch mancher Lehrer muss sich eingestehen, dass er auf einem toten Pferd sitzt, dass der von ihm optimistisch gewählte und in den Anfangsjahren engagiert ausgeübte Beruf letztlich doch nicht zu ihm passt. Ein solches Eingeständnis ist immer von existenzieller Tragweite, denn der Wechsel in einen anderen Beruf kann für einen Lehrer mit erheblichen finanziellen Einbußen verbunden sein. Bevor Sie endgültig absatteln, sollten Sie sich deshalb vergewissern, ob Ihr vermeintlich totes Tier tatsächlich kein Lebenszeichen mehr von sich gibt. Vielleicht handelt es sich doch nur um eine Zerrung oder eine vorübergehende Lähmung – was sich durch einen veterinärmedizinischen Eingriff wieder beheben ließe. In diesem Sinne könnten Sie sich mit Ihrer Berufswahl aussöhnen, wenn Sie hier nicht mehr gegen soziale Missstände anzukämpfen haben, wenn Sie Ihr Privatleben nicht länger Ihren Dienstpflichten opfern müssen oder wenn Sie sich nicht ein Leben lang im Hamsterrad beruflicher Routine aufzureiben brauchen. Wer in seinem beruflichen Alltag entsprechende Änderungen vornimmt – der sollte keinen Anlass haben, Sattel und Halfter endgültig an den Nagel zu hängen. Es kann freilich auch vorkommen, dass Sie tatsächlich auf einem toten Tier sitzen und Ihnen nur der Abstieg aus dem vertrauten Sattel bleibt. So könnte der vermeintliche Traumberuf unweigerlich in einem Fiasko enden, weil Sie hier die Folgen einer verkorksten Bildungspolitik auszubaden haben oder weil sie hier dauerhaft den hormonellen Ausschlägen pubertierender Schulklassen ausgesetzt sind. In solchen Fällen sollten Sie vielleicht doch in Erwägung ziehen, sich ein neues Pferd zu suchen – ohne sich von einem Leben im Sattel ganz verabschieden zu müssen.

Es gibt kein richtiges Lernen im falschen System

Maya Montag (32), *Lehrerin an einer Grundschule*

Ich möchte nie schuld daran sein, dass eines meiner Kinder weint. – Das habe ich mir zu Beginn meiner Lehrertätigkeit geschworen. Und diesem Grundsatz bin ich seitdem immer treu geblieben. Heute aber hat es in meinem Unterricht Tränen gegeben. Denn heute wurden die Zeugnisse für den Übertritt auf eine weiterführende Schule verteilt. Einige Kinder hatten darauf gehofft, dass ich ihnen einen Übertritt auf das Gymnasium oder wenigstens auf die Realschule empfehle. Das aber konnte ich guten Gewissens nicht tun. Entsprechend groß war ihre Enttäuschung über diese Entscheidung, aber auch über mich als Person. In diesem Zusammenhang ist mir wieder einmal bewusst geworden, welcher Selektionsdruck auf der Grundschule lastet und wie sehr die Beziehung zwischen uns Lehrkräften und den Schülern darunter leidet.

Immer wieder mache ich die Erfahrung, dass meine pädagogische Mission durch die Strukturen eines selektiven Schulsystems konterkariert wird. So sehr ich mich auch darum bemühe, die Kinder für die Inhalte des Unterrichts zu begeistern und ihr oft unterentwickeltes Selbstbewusstsein aufzurichten – immer wieder stoße ich damit an die Grenzen eines statischen und bürokratischen Systems. Hier geht es oft nur noch um die Frage, wer eine bestimmte Schulart besuchen, wer in die nächste Klasse aufsteigen oder wer welchen Abschluss erwerben darf. An jeder dieser Schnittstellen gibt es Gewinner und Verlierer, werden manche Schüler mitgenommen und andere abgehängt. Unter solchen Rahmenbedingungen stirbt jede Begeisterung ab und bleibt auch meine Beziehung zu den Schülern auf der Strecke. Es gibt eben kein richtiges Lernen im falschen System.

Von meinem Beruf erwarte ich mir, dass ich mich hier selbst verwirklichen und dass ich mich mit meinen Erfahrungen, Überzeugungen und Ideen einbringen kann. Das heutige Erlebnis hat mir aber wieder einmal bestätigt, dass das im Lehrerberuf nicht möglich ist. Ich möchte nicht zum Erfüllungsgehilfen eines völlig verkorksten Systems werden, fühle mich dazu aber durch meinen Einsatz im Klassenzimmer immer wieder genötigt. Im Sinne dieses Systems nur noch zu funktionieren – das kann es für mich nicht sein.

Hier meldet sich eine Lehrerin zu Wort, die sich als fremdbestimmt und ferngesteuert erlebt. Denn immer wieder fühlt sie sich dazu gedrängt, gegen die eigenen Überzeugungen zu handeln. Man wird Frau Montag unterstellen dürfen, dass sich ihr Bild einer guten Schule eher an **reformpädagogischen Vorbildern** als an der Tradition der Regelschule orientiert. So dürfte sich Frau Montag eine Schule wünschen, in der

- ➔ die Lehrer in der Wahl ihrer Lerninhalte völlig frei sind und sich nicht durch irgendwelche Lehrpläne gängeln lassen.
- ➔ die Leistungen der Schüler individuell gewürdigt und nicht anhand einer starren Notenskala bewertet werden.
- ➔ über den Übertritt auf eine weiterführende Schule ganz allein die Eltern, nicht aber die Lehrerin entscheiden – und das schon gar nicht aufgrund des Notenbildes.

→ allen Schülern eine Bleibegarantie zugesichert wird, diese also keine Abschulung zu befürchten haben.
→ kein Schüler befürchten muss, das Klassenziel zu verfehlen und deshalb eine ganze Jahrgangsstufe zu wiederholen.
→ unterschiedliche Abschlüsse erworben werden können, sodass schließlich kein Schüler auf der Straße steht.

Zunächst würde durch solche Maßnahmen der Selektionsdruck von den Schulen genommen. Und das würde der pädagogischen Arbeit gut bekommen. Allerdings ist nur durch die Vergabe formaler Qualifikationen gewährleistet, dass die Schule ihre **Allokationsfunktion** erfüllen kann: Damit entscheidet die Schule, wer zur Aufnahme einer beruflichen Ausbildung oder eines Studiums berechtigt ist. Ohne Noten und Abschlüsse aber wären es die Betriebe, die über die Eignung eines Bewerbers nach eigenem Gutdünken entscheiden. Und ohne die formale Hürde des Abiturs wären es die Universitäten, die sich ihre Studierenden selber aussuchen können. Ob das die transparentere, effektivere und gerechtere Lösung wäre, sei noch einmal dahingestellt.

Außerdem sollte Frau Montag nicht verkennen: In einigen Bundesländern hat man längst damit begonnen, den Selektionsdruck an den Schulen abzubauen und damit den Schülern ein freieres Lernen zu ermöglichen. So überlassen es die meisten Länder den Eltern, auf welche Schulart ihr Kind überwechseln soll. In manchen Ländern können die Schulen eigenständig darüber entscheiden, ab welcher Klasse die fragwürdigen Ziffernnoten vergeben werden. Und in vielen Ländern tendiert man dazu, die Praxis des Sitzenbleibens Schritt für Schritt durch individuelle Förderangebote zu ersetzen. Alle diese **Reformbemühungen** gelten für die Regelschule, sind also kein Privileg privater Schulträger. Insofern ist inzwischen auch in das von Frau Montag als besonders starr beschriebene Schulsystem einige Bewegung gekommen. Dadurch sollte es uns Lehrkräften leichter fallen, uns hier mit unseren Vorstellungen einer humanen und demokratischen Pädagogik einzubringen. Frau Montag sollte deshalb nicht vorschnell resignieren, sondern sich darum bemühen, dass an ihrer Schule
→ der bisher praktizierte Frontalunterricht durch differenzierte Lern- und Arbeitsformen abgelöst wird.
→ die wenig aussagekräftigen Ziffernnoten durch ein Wortgutachten ersetzt werden.
→ wenigstens in einzelnen Fächern altersheterogene Lerngruppen eingeführt werden.
→ durch eine Kooperation mit anderen Schulen weitere Abschlüsse angeboten werden.

- versetzungsgefährdeten Schülern ein spezielles Coaching angeboten wird, um ihr Lern- und Arbeitsverhalten zu verbessern.
- Schüler, die das Klassenziel nicht erreicht haben, probeweise in die nächste Jahrgangsstufe aufrücken dürfen.

Erst wenn Frau Montag mit solchen Vorstößen keinen Erfolg hat, sollte sie über den Wechsel auf eine andere Schule/in ein anderes Bundesland nachdenken oder sich nach geeigneten Alternativen zum System der Regelschulen umsehen. In der Tradition großer Reformpädagogen haben sich innerhalb der deutschen Bildungslandschaft inzwischen zahlreiche Einrichtungen etablieren können, die sich dem Vorbild ihrer Leitfiguren verpflichtet fühlen und eine ganz andere Form des Lernens und Arbeitens praktizieren. Erste Ideen bekommen Sie im folgenden Abschnitt.

Statt einer staatlich verordneten Selektionspädagogik: In alternativen Schulprojekten mitarbeiten

Wer mit den Strukturen und Rahmenbedingungen des öffentlichen Schulwesens überhaupt nicht klarkommt, sollte sich den Wechsel auf eine **Ersatzschule** überlegen. An solchen Ersatzschulen können die Schüler ihre Schulpflicht erfüllen und einen bestimmten Abschluss erwerben. Anders als die Ergänzungsschulen stehen sie mit ihrem pädagogischen Angebot in unmittelbarer Konkurrenz zu den öffentlichen Regelschulen. Viele Ersatzschulen verfolgen einen **reformpädagogischen Ansatz**: Sie bevorzugen andere Methoden, organisieren den Unterricht neu und überwinden die tradierten Schulstrukturen. Leitfiguren eines solchen pädagogischen Sonderwegs sind Persönlichkeiten wie Rudolf Steiner, Hermann Lietz, Maria Montessori oder Peter Petersen. An manchen dieser Schulen wird von den Lehrkräften eine Sonderausbildung erwartet, an anderen zählt die pädagogische Leidenschaft mehr als jede zusätzliche Qualifikation. Für die Mitarbeit an **alternativen Schulprojekten** können sich verbeamtete Lehrkräfte von ihrem Arbeitgeber für einen längeren Zeitraum freistellen lassen. Wer also für ein paar Jahre an eine Ersatzschule wechselt, muss deshalb seinen Beamtenstatus nicht aufgeben – kann hier aber viele neue Erfahrungen sammeln:

Reformpädagogische Schulen in Deutschland

	Zahl der Schulen	Pädagogisches Profil	Eingangsvoraussetzungen
Montessori-Schulen	über 1000	Die Pädagogik in der Nachfolge **Maria Montessoris** geht vom einzelnen Kind und seinen Bedürfnissen aus. Im Mittelpunkt des schulischen Lernens steht die Freiarbeit, bei der sich jedes Kind für seinen Lerngegenstand und seine Lernmethode frei entscheiden kann. Dabei wird es durch spezifisches Montessori-Material und eine begleitende Lehrkraft unterstützt.	Die Lehrkräfte an den Montessori-Schulen absolvieren eine berufsbegleitende Zusatzausbildung, die 15 bis 24 Monate dauert. Weitere Informationen unter www.deutsche-montessori-gesellschaft.de
Waldorf-Schulen	232	Die Schulen fühlen sich dem pädagogischen Konzept **Rudolf Steiners** verpflichtet. Die Lehrpläne sind entwicklungsorientiert gestaltet – von der eher bildhaften bis hin zur wissenschaftlichen Aneignung des Gelernten. Ein besonderer Schwerpunkt liegt auf dem handwerklich-künstlerischen Arbeiten. Der Unterricht findet in zusammenhängenden Epochen statt. Kein Schüler bleibt sitzen.	Die künftigen Waldorflehrer besuchen eigene Ausbildungsseminare, die in Vollzeit (je nach Schule ca. 2 Jahre) oder berufsbegleitend (ca. 3 Jahre) angeboten werden. Weitere Informationen unter www.waldorfschule.de
Jenaplan-Schulen	55	An einer der Universität Jena angegliederten Modellschule entwickelte **Peter Petersen** seine Vorstellung eines kindbezogenen Lernens. In seiner Tradition baut der Unterricht auf den vier Basisaktivitäten des Gesprächs, des Spiels, der Arbeit und der Feier auf. Konstitutiv für die Jenaplan-Schulen ist die Bildung altersheterogener Lerngruppen.	Die Lehrkräfte der Jenaplan-Schulen legen kein eigenes Diplom ab, sondern machen sich im Rahmen ihrer praktischen Arbeit mit den Prinzipien Peter Petersens vertraut. Weitere Informationen unter www.jenaplan.eu
Freie Schulen	Es liegen keine gesicherten Zahlen vor.	Die Freien Schulen verfolgen einen reformpädagogischen Ansatz, fühlen sich dabei aber keiner entsprechenden Leitfigur verpflichtet. Jede Schule verfügt über ein eigenes Profil, das in einem kontinuierlichen Prozess fortgeschrieben wird.	Wichtiger als eine bestimmte Sonderqualifikation ist die Bereitschaft, sich auf das besondere Selbstverständnis einer Schule einzulassen und an der Schulentwicklung mitzuwirken.

Landerziehungsheime	16	Die Internate stehen in der Tradition der Landerziehungsheime, wie sie von **Hermann Lietz** begründet wurde. Im Mittelpunkt steht die Einheit von Bildung und Erziehung, wie sie in der Kooperation von Schule und Internat beispielhaft gelebt wird. An den Schulen herrscht eine besondere Kultur des Sprechens und Zuhörens.	Es wird keine besondere Qualifikation vorausgesetzt. Besonders willkommen aber sind pädagogische Seiteneinsteiger. Weitere Informationen unter www.die-internate-vereinigung.de

Die Beschäftigung mit reformpädagogischen Schulen und ihren konzeptionellen Grundlagen ist immer sinnvoll: Ganz egal, ob Frau Montag an eine solche Schule wechseln möchte oder ob sie sich davon lediglich Anstöße für ihre pädagogische Arbeit verspricht. Sie sollte sich deshalb zunächst über die unterschiedlichen Schulprojekte informieren – über einschlägige Veröffentlichungen, über Recherchen im Internet, aber auch durch eigene Anschauung oder persönliche Kontakte. Eine erste Tuchfühlung könnte sich im Zusammenhang mit dem „Tag der offenen Tür" ergeben, wie er von solchen Schulen regelmäßig angeboten wird, um interessierte Eltern über ihr Bildungsverständnis und ihre pädagogische Praxis zu informieren. Darüber hinaus sollte Frau Montag würdigen, dass sich auch einzelne Regelschulen für ein reformpädagogisches Profil entschieden haben – und zunächst vielleicht zu einer solchen Einrichtung wechseln.

Die Schule als Reparaturbetrieb

Johannes Tönnich (48), *Lehrer an einer Stadtteilschule*

Das statistische Profil meiner 9. Klasse spricht eine deutliche Sprache: 79 % der Schüler haben einen Migrationshintergrund, 68 % sind auf öffentliche Transferleistungen angewiesen, 55 % leben in unvollständigen Familien und 37 % hatten schon einmal Ärger mit der Polizei. Hinter diesen nackten Zahlen tun sich sehr persönliche und sehr anrührende Schicksale auf: Ich denke da an Abdullah, der mit seinen Eltern aus Libyen fliehen musste und dem jetzt die Abschiebung in eine ihm fremd gewordene Heimat droht. Ich denke aber auch an Ramona, die als Kind von einem Verwandten missbraucht wurde und bis heute durch diese Übergriffe traumatisiert ist. Und ich denke an Ayla, deren alleinstehende Mutter an Depressionen leidet und alle Kraftreserven ihrer sonst so lebenslustigen Tochter für sich beansprucht.

Abdullah, Ramona und Ayla stehen für eine Gesellschaft, die mit sich selbst nicht im Reinen ist und die ihre strukturellen Defizite an die Schule weiterreicht – als der vielleicht letzten Instanz, die sich diesem Problemdruck nicht entziehen kann. Als Lehrer fallen mir die Nöte meiner Schüler eher auf, erlebe ich deren Lebenskrisen unmittelbarer als andere. Abdullah, Ramona und Ayla sind darauf angewiesen, dass ihnen einer zuhört, dass sie einer ernst nimmt, dass ihnen einer weiterhilft. Das alles wird von mir erwartet, weil ich sie nicht nur in allen möglichen Fächern unterrichte, sondern für sie immer auch Bezugsperson bin. Auch wenn Abdullah die Flüchtlingsberatung nicht weiterhelfen kann, auch wenn Ramona eine hoffnungsvoll begonnene Therapie abbricht, auch wenn sich die behandelnden Ärzte für Aylas Situation nicht zuständig fühlen – als Lehrer muss ich mich den Nöten dieser jungen Menschen auch dann stellen, wenn sich andere längst zurückgezogen haben. So erlebe ich ganz unmittelbar, wie die Schule immer mehr zu einem Reparaturbetrieb gesellschaftlicher Missstände mutiert: Armut, Bindungslosigkeit, Werteverlust, Desintegration, Chancenungleichheit – hier macht sich bemerkbar, was in unserer Gesellschaft alles schiefläuft. Die Schule hat daran nur in den seltensten Fällen Schuld. Von ihr wird aber erwartet, dass sie solche Missstände aufgreift und ein Abdriften der Schüler ins gesellschaftliche Abseits verhindert.

Als Lehrer habe ich gelernt, wie man einen Lerninhalt didaktisch aufbereitet und wie man diesen in einer methodisch angemessenen Form vermittelt. Aber niemand hat mir beigebracht, wie man ein Beratungsgespräch führt, wie man in familiären Konflikten vermittelt oder wie man sich im Dschungel der Sozialgesetzgebung zurechtfindet. Ich bin gelernter Lehrer – aber kein ausgebildeter Sozialpädagoge. Für Abdullah, Ramona und Ayla ist es aber eher belanglos, ob ich mich für eine induktive oder für eine deduktive Herangehensweise entscheide und ob meine Unterrichtsplanung niveau- oder angebotsdifferenziert angelegt ist. Ihnen ist wichtig, dass sie sich auf meine Verschwiegenheit verlassen können, dass ich mir Zeit für einen Hausbesuch nehme und dass ich die richtigen Adressen und Ansprechpartner kenne.

Damit aber habe ich mich in eine Falle hineinmanövriert, aus der mir kein Schulrat und schon gar kein Bildungspolitiker heraushilft: Einerseits soll ich mich um die fachlichen Leistungen meiner Schüler kümmern und sie zu einem möglichst guten schulischen Abschluss führen. Andererseits soll ich mich ihren persönlichen und familiären Problemen widmen und sie damit vor einem sozialen Absturz bewahren. Mit diesem Spagat aber fühle ich mich auf Dauer überfordert. Und deshalb würde ich aus dem Reparaturbetrieb Schule lieber heute als morgen aussteigen.

In keinem anderen Land wird die **Schulpflicht** so konsequent durchgesetzt wie bei uns. Auch Eltern, die ihrem Kind aus pädagogisch begründeter Fürsorge den Schulbesuch ersparen wollen, haben hierzulande mit keinerlei Entgegenkommen zu rechnen. Und in den meisten Bundesländern wird ein dauerhaftes Fernbleiben vom Unterricht mit saftigen Bußgeldern geahndet. Diese rigide Praxis mag pädagogisch angreifbar sein – sozialpolitisch ist sie eine **große Errungenschaft**. Schließlich ist dadurch gewährleistet, dass junge Menschen unter öffentlicher Beobachtung stehen, dass sie in diesem Land also keine Schattenexistenz zu führen haben. Weil die Schule alle Kinder und Jugendlichen erfasst, kann sie deren Defizite wahrnehmen, deren Risiken erkennen, sich deren Nöte annehmen. So sind es in vielen Fällen die Lehrkräfte, die den Hinweisen auf eine Verwahrlosung, Misshandlung oder Gefährdung der ihnen anvertrauten Kinder nachgehen und darüber die Behörden informieren.

Dieser sozialpolitische Nebeneffekt unserer pädagogischen Arbeit gilt freilich nicht für alle Schulen in gleicher Weise. So darf man davon ausgehen, dass die Schule von Herrn Tönnich an einem sozialen Brennpunkt angesiedelt ist, dass sich hier also alle Probleme eines ohnehin benachteiligten Stadtteils bündeln. Gerade in solchen **Brennpunktschulen** leiden die Lehrkräfte darunter, dass ihre Arbeit an den fachlichen Erfolgen und Misserfolgen ihrer Schüler gemessen wird, dass sich für diese aber ganz andere Probleme in den Vordergrund schieben, die sie vom Lernen abhalten und ihre ganze Aufmerksamkeit beanspruchen. Deshalb wird hier der **Widerspruch zwischen den Erwartungen der Bildungspolitik und den Anforderungen des Schulalltags** auch eher zum Problem als an einer katholischen Mädchenschule oder an einem privaten Elitegymnasium.

Wir Lehrer dürfen die Augen vor den sozialen Nöten unserer Schüler nicht verschließen. Schließlich sind wir die vielleicht letzten Ansprechpartner dieser jungen Menschen, denen es an traditionellen Unterstützersystemen, wie der Familie, der Nachbarschaft oder dem Sportverein, fehlt. – Und doch müssen wir immer wieder beherzigen, wo unsere Professionalität endet und wo unsere pädagogische Arbeit in Dilettantismus und Scharlatanerie umzuschlagen droht. Die **Schule** ist nicht in der Lage, mit ihren Mitteln strukturelle gesellschaftliche Missstände zu beheben, und **taugt** schon deshalb **nicht als ein Reparaturbetrieb sozialer Langzeitschäden**. Genauso wenig dürfen wir Lehrer uns anmaßen, die Probleme unserer Schüler lösen zu können und dafür über die notwendige Kompetenz zu verfügen. Es ist unsere ethische Verpflichtung, solche Probleme wahrzunehmen – und es sollte unser professioneller Anspruch sein, deren Lösung den dafür Zuständigen zu überlassen.

Damit kommt dem **Lehrer** gerade an solchen Brennpunktschulen die **Aufgabe eines Maklers und Vermittlers** zu: Er sollte wissen, wie die sozialen Dienste in seinem Gemeinwesen organisiert sind und er sollte zu den hier verantwortlichen Mitarbeitern und Einrichtungen persönliche Kontakte pflegen. Deshalb wäre Herrn Tönnich geholfen,

- ➔ wenn jeder Lehrerkonferenz ein **Infofenster** vorgeschaltet wäre: Hier könnte sich jeweils eine Einrichtung mit ihrem fachlichen Profil und mit ihren Angeboten für Kinder und Jugendliche vorstellen.
- ➔ wenn seine Schule im entsprechenden **Stadtteilarbeitskreis** vertreten wäre und wenn sich hier Kontakte zu benachbarten Beratungseinrichtungen und Bildungsträgern vereinbaren ließen.
- ➔ wenn die Schule an **Runden Tischen** beteiligt wäre, die sich mit den sozialen Problemen junger Menschen beschäftigen („Runder Tisch Jugendgewalt", „Aktionskreis Suchtprävention", „Gesprächsinitiative Schulverweigerung").
- ➔ wenn von den zuständigen Stellen und Initiativen regelmäßig ein **„Markt der Möglichkeiten"** organisiert würde, bei dem sich die Schulen über die unterschiedlichen Angebote sozialer Arbeit informieren könnten.
- ➔ wenn er im Rahmen seiner Lehrerausbildung ein mehrwöchiges **Praktikum** in einer Beratungseinrichtung absolvieren würde, um deren Angebote und deren professionelles Verständnis aus eigener Anschauung kennenzulernen.

Noch wichtiger aber wäre die **Unterstützung**, die Herr Tönnich **von der** für seine Klassenstufe zuständigen **Schulsozialpädagogin** zu erwarten hätte. An vielen Brennpunktschulen sind solche sozialpädagogischen Fachkräfte im Einsatz, die einen anderen fachlichen Anspruch vertreten und deren Arbeit gerade deshalb das eingeschränkte Angebot der Schulpädagogik bedarfsgerecht ergänzt. Bei der Schulsozialpädagogin sind viele Fälle besser aufgehoben, mit denen sich ein Lehrer wie Herr Tönnich ohnehin überfordert fühlt. Und hier lässt sich ein Vertrauensverhältnis aufbauen, ohne dass dieses durch die Vergabe von Noten, Zeugnissen und Abschlüssen belastet wäre. Als verantwortungsbewusster Lehrer weiß Herr Tönnich: Aufgabe einer solchen Schulsozialpädagogin ist es nicht, ihm die unangenehmen und zeitraubenden Fälle abzunehmen – sondern seine pädagogische Arbeit durch eine andere Herangehensweise und zusätzliche Kompetenzen zu flankieren.
Wie sich sozialpädagogische Unterstützung organisieren lässt, erfahren Sie im folgenden Abschnitt.

Wenn Lehrkräfte nicht mehr weiterwissen: Sozialpädagogische Unterstützung organisieren

Das Sozialstaatsgebot unserer Verfassung deckt auch die besonderen Bedürfnisse von Kindern und Jugendlichen ab. Deshalb findet sich vielerorts ein **engmaschiges Netz** entsprechender **Hilfsleistungen, Beratungsstellen und Bildungseinrichtungen**. Ein Problem ist allerdings, dass diese Angebote **völlig unübersichtlich organisiert** sind und dass sogar ein Lehrer wie Herr Tönnich in diesem Dschungel konkurrierender Initiativen, Stellen und Behörden bald den Durchblick verliert. So würde er einem gewaltbereiten Schüler gern helfen, seine Konflikte künftig mit zivilen Mitteln auszutragen. Er weiß aber nicht, ob dafür eher die AG der Schüler-Streit-Schlichter an der eigenen Schule, das Anti-Gewalt-Training der Jugendgerichtshilfe oder die Konfliktwerkstatt eines friedenspädagogischen Anbieters infrage kommt. Von dem engagierten Lehrer wird deshalb nicht nur erwartet, dass er den betroffenen Schüler an eine sozialpädagogische Einrichtung weitervermittelt. Er sollte auch wissen, welche Einrichtungen hier welche Programme anbieten und mit welchem Angebot seinem Schüler tatsächlich geholfen wäre.

Hier dürfte es nicht reichen, wenn sich einzelne Lehrkräfte wie der Kollege Tönnich aus freien Stücken kundig machen. Stattdessen ist das ganze Lehrerkollegium gefordert, sich über die einzelnen Angebote zu informieren und diese Informationen allen Lehrkräften zugänglich zu machen. Solche Bemühungen könnten dann in ein **„Dschungelbuch"** eingehen – um dem Einzelnen die Orientierung im Dickicht sozialpädagogischer Angebote zu erleichtern. Hier sind jeweils die technischen Daten und die inhaltlichen Details eines solchen Angebots aufgeführt. An den Recherchen sollten sich vor allem Kollegen mit entsprechenden Außenkontakten beteiligen: So kann sich eine Religionslehrerin über die Angebote kirchlicher Einrichtungen informieren und die Drogenbeauftragte der Schule über Maßnahmen der Suchtprävention und Krisenintervention. Über das Intranet sollten alle Kollegen Zugriff auf das „Dschungelbuch" haben. Und schon das Inhaltsverzeichnis könnte Auskunft darüber geben, wie breit gestreut die sozialpädagogischen Angebote für Kinder und Jugendliche sind – hier ein Beispiel:

Das Dschungelbuch

Beratungs- und Unterstützungsangebote für junge Leute

Schulinterne Angebote:

Verbindungslehrer
Beratungslehrer
Mädchen-/Jungenbeauftragter
Schulsozialpädagoge
Schularzt
Schulpsychologe
Schulseelsorger

Kooperationspartner im Stadtteil:

Quartiersmanagement
Sozialräumliche Regiestelle
Stadtteilzentren/Kulturläden
Horte
Jugendzentren
Kirchengemeinden
Bezirksvertretungen
Bürgervereine/Bürgerinitiativen

Soziale Fachdienste:

Schulberatungsstellen
Jobcenter/Arbeitsagenturen
Beratungsservice des Integrationsrates
Sozialpsychiatrische Dienste
Notaufnahmeeinrichtungen für Kinder und Jugendliche
Suchtberatung der Wohlfahrtsverbände
Notruf für missbrauchte Frauen und Mädchen
Präventionsberatung der Polizei
Serviceagenturen für Ganztagseinrichtungen

Kommunale Einrichtungen:

Jugendamt
Amt für Familienhilfe/Allgemeiner Sozialdienst
Koordinationsstelle Jugendhilfe – Schule
Erziehungs- und Familienberatungsstellen
Kindernotruf des Sozialreferates
Jugendsozialarbeit an Schulen
Amt für Ausbildungsförderung
Seniorenbüros/Agenturen für ehrenamtliche Arbeit

Verbände und Initiativen:

Arbeiterwohlfahrt
Caritas
Diakonisches Werk
Paritätischer Wohlfahrtsverband
Rotes Kreuz
Sozialverband Deutschland
Lebenshilfe
Kinderschutzbund
Aktion Humane Schule
Pro Familia

Als Lehrer einer Stadtteilschule hat es Herr Tönnich mit Schülern zu tun, die durch unterschiedliche Schieflagen aus ihrem Lebensrhythmus geworfen sind. Das „Dschungelbuch" könnte ihm helfen, professionelle Unterstützung zu organisieren und sie damit nicht länger solchen Turbulenzen auszusetzen. So könnte er für Abdullah den Kontakt zu einem pensionierten Schulrat herstellen, der als Mitglied der Härtefallkommission über die Duldung und den Verbleib von Flüchtlingen zu befinden hat. Oder er könnte Ramona auf das Angebot der Beratungsstelle „Wildwasser" hinweisen, die gerade eine Selbsthilfegruppe missbrauchter junger Frauen aufbaut. Oder er könnte über das lokale „Bündnis gegen Depression" erreichen, dass Ayla durch einen Ferienaufenthalt wenigstens zeitweise von ihren häuslichen Belastungen entpflichtet wird. So weiß er seine drei Schützlinge in guten Händen – und kann sich deshalb wieder stärker auf seine Kernaufgabe konzentrieren. Das Unterrichten junger Menschen hat er schließlich gelernt. Und das sollte auch weiterhin seine Profession bleiben.

Ein Beruf ohne Feierabend

Andreas Hofrichter (55), *Lehrer an einer Mittelschule*

Feiern im Familienkreis sind mir jedes Mal ein Graus. Als einziger Lehrer bin bei solchen Anlässen den neidischen Blicken, dem versammelten Halbwissen und den unverwüstlichen Vorurteilen einiger meiner Verwandten wehrlos ausgeliefert. Wieder einmal liegt eine solche Feier hinter mir. Und wieder einmal ging es um die Lehrer, die mittags nach Hause gehen, die dauernd Ferien haben, die sich ständig krankmelden – und die später fette Pensionen einstreichen. Diesmal wusste man von einem Mathelehrer zu berichten, der sich mit Nachhilfestunden ein Zubrot verdient, von einem Sportlehrer, der nebenher eine Surfschule betreibt, und von einer Klassenlehrerin, die wegen einer Schülerphobie dauerhaft krankgeschrieben ist.

Mich ärgern solche abwegigen Fantasien, weil sie ein falsches Bild zeichnen und mit den wirklichen Belastungen unseres Berufes so gar nichts zu tun haben. Durch fundierte und seriöse Studien ist längst nachgewiesen, dass wir Lehrer nicht weniger, sondern mehr arbeiten als die Angehörigen vieler anderer Berufe. Längst belegt ist auch, dass die durch die Schulferien begründeten Ausfälle durch eine höhere Wochenarbeitszeit mehr als kompensiert werden. Darüber hinaus ist die Arbeit im Klassenzimmer für uns Lehrkräfte mit extremen Belastungen verbunden. So haben Arbeitsmediziner festgestellt, dass die psychische Beanspruchung eines Lehrers mit der eines Piloten vergleichbar ist. Das alles habe ich heute im Familienkreis vorgetragen. Doch bin ich mir ziemlich sicher, dass von einigen die alten Vorurteile bei nächster Gelegenheit wieder ausgepackt werden und dass diejenigen bis dahin neue Schauergeschichten auf Lager haben.

Ja, es stimmt, dass ich an manchen Wochentagen mittags nach Hause gehen darf. Das bedeutet aber nur, dass ich meinen Arbeitsschwerpunkt vom Klassenzimmer an den heimischen Schreibtisch verlagere. Hier warten auf mich Klassenarbeiten und Übungsaufsätze, die korrigiert werden müssen. Hier liegen Materialien bereit, die ich durchzusehen und in meine Stundenentwürfe einzuarbeiten habe. Hier stapeln sich Notizzettel, aus denen Gutachten, Protokolle oder Elternbriefe werden sollen. Und hier steht ein Telefon, über das ich zu allen möglichen und unmöglichen Zeiten erreichbar bin. Ob am Feierabend, an den Wochenenden und in den Ferien: Immer erinnert mich die Ablage auf meinem Schreibtisch an meine dienstlichen Pflichten, nie komme ich ganz von der Schule los. Umso mehr beneide ich meine Freunde und Nachbarn, die irgendwann ihre Werkstatt, ihr Labor oder ihr Büro abschließen – und alle beruflichen Pflichten hinter sich lassen. Natürlich haben auch andere Menschen verantwortungsvolle Jobs, bei denen sie rund um die Uhr erreichbar sein müssen und am Wochenende arbeiten. Der Tagesablauf vieler sieht jedoch eine klare Trennung von Beruf und Privatleben vor – während ich nie wirklich abschalten, mir eigentlich nie eine Auszeit nehmen kann. Am liebsten würde ich diese unglückliche Vermengung von dienstlichen Pflichten und privater Zeit gegen einen geregelten Job eintauschen – damit ich meinen Feierabend, meine Wochenenden und meine Ferien endlich unbelastet genießen kann.

Tatsächlich gehört die räumliche und zeitliche Trennung von Berufstätigkeit und Privatleben zu den Errungenschaften unserer Kultur. Gerade wer beruflich gefordert ist, bedarf eines geschützten Raums, um Abstand zu gewinnen, um sich auf andere Gedanken zu bringen und dadurch neue Kraft zu schöpfen. Das heimische Arbeitszimmer ist dafür ein denkbar ungeeigneter Ort. In dieser Bannmeile des schlechten Gewissens sind Ärger und Stress immer ganz präsent. Und es dürfte für uns Lehrkräfte kein wirklicher Trost sein, dass es unseren Schülern ganz ähnlich geht und dass auch sie zu Hause immer wieder von der Erinnerung an unerledigte Hausaufgaben heimgesucht werden.

Grundlage dieser unheilvollen Überschneidung von Beruflichem und Privatem ist die **Berechnung der Lehrerarbeitszeit**. Sie orientiert sich am Wochenstundenplan und damit am Umfang des zu erteilenden Unterrichts. Nicht gewürdigt wird dabei,

- wie viel Zeit wir in die Vorbereitung unseres Unterrichts und in die fachliche Weiterbildung investieren.
- wie viel zusätzliche Arbeitszeit für die Korrektur von Hausaufgaben, Klassenarbeiten und Abschlussprüfungen zu veranschlagen ist.
- wie viel Zeit wir für Konferenzen, Teamsitzungen und für die Gremienarbeit aufzubringen haben.
- welcher Zeitaufwand mit Beratungsgesprächen, Sprechstunden und Elternabenden verbunden ist.
- wie die Durchführung von Wandertagen, Exkursionen und Klassenfahrten in unserem Zeitbudget zu Buche schlägt.
- wie viele Wochenstunden für Verwaltungstätigkeiten und Organisationsaufgaben eingeplant werden müssen.

Diese Tätigkeiten werden uns Lehrern zwar abverlangt, werden uns auf unsere Arbeitszeit aber nicht angerechnet. Offensichtlich geht man davon aus, dass sich Korrekturen, Sprechstunden und Projektarbeiten so nebenbei erledigen lassen. Deshalb sind für uns Lehrer **in der Schule i.d.R. auch keine eigenen Arbeitsplätze vorgesehen**. Uns bleibt also gar nichts anderes übrig, als diese Tätigkeiten in unsere Freizeit zu verlagern und dafür den Feierabend oder das Wochenende zu opfern. Erschwerend kommt hinzu, dass immer mehr Schulen im Ganztagsbetrieb geführt werden und sich damit für uns die **Anzahl der Zwischenstunden und der Pausenzeiten deutlich erhöht**. Solche Zeitfenster müssen in der Schule abgesessen werden, ohne dass wir hier wirklich ausspannen könnten oder dass sich unsere häuslichen Arbeiten hier erledigen ließen.

Herr Hofrichter hat Recht: Niemand sollte sich einen Beruf ohne wirkliche Auszeiten zumuten. Deshalb sollten auch Sie **einer allgegenwärtigen Vereinnahmung durch die Schule vorbeugen**. In diesem Sinne könnten Sie sich vornehmen,

- Ihre tatsächliche Wochenarbeitszeit zu dokumentieren und dabei zwischen schulischen und häuslichen Tätigkeiten zu unterscheiden.
- sich wenigstens einen Tag in der Woche ganz von irgendwelchen schulischen Arbeiten freizuhalten.
- nur noch die Korrekturarbeiten am heimischen Schreibtisch, alles andere aber in der Schule zu erledigen.
- die Termine der Klassenarbeiten jeweils so zu legen, dass Sie sich die Ferien von Korrekturen freihalten können.
- Ihre private Telefonnummer weder den Schülern noch den Eltern mitzuteilen, sich ein Diensthandy (ggf. mit festen Sprechzeiten) zuzulegen und/oder Ihren Namen aus dem amtlichen Telefonbuch streichen zu lassen.
- Ihr Kollegium für die Einrichtung von Fachräumen zu gewinnen, damit jeder Lehrer über einen Arbeitsplatz in der Schule verfügt.

→ in der Nachbarschaft ein Arbeitszimmer anzumieten, damit sie die liegen gebliebenen Arbeiten nicht noch in Ihren eigenen vier Wänden verfolgen.

Tipp

Damit sich Zwischenstunden und Brückenzeiten möglichst effektiv nutzen lassen, sollte auch an Ihrer Schule ein **Silentiumzimmer** eingerichtet werden. Wer sich in diesen Arbeitsraum für Lehrkräfte zurückzieht, hat alle privaten Gespräche zu unterlassen, um damit die anderen nicht bei ihren Korrektur- oder Vorbereitungstätigkeiten zu stören. Das Silentiumzimmer ist mit Internetarbeitsplätzen ausgestattet und kann von den Lehrkräften auch nach Unterrichtsschluss genutzt werden. Hier können Sie und Ihre Kollegen in aller Ruhe arbeiten – was in der hektischen Aufgedrehtheit eines Lehrerzimmers schon lange nicht mehr möglich ist.

Damit die freie Zeit auch wirklich frei bleibt: Ein eigener Arbeitsplatz für jeden Lehrer

Nur wer Abstand zu seinen dienstlichen Pflichten hält, kann in seinem Beruf glücklich werden. Und nur wer seinen beruflichen Ärger sacken lassen kann, wird es an seinem Arbeitsplatz ein Leben lang aushalten. Deshalb sollten wir Lehrer es nicht länger hinnehmen, dass auf uns zu Hause ein überfrachteter Schreibtisch wartet – der uns unweigerlich an unerledigte Aufgaben, ungelöste Probleme und unbefriedete Konflikte erinnert. Deswegen sollten wir kein Privileg darin sehen, nach Unterrichtsschluss panikartig das Schulhaus zu verlassen, um uns in alle Himmelsrichtungen zu zerstreuen. Stattdessen sollten wir einfordern, was jedem Berufstätigen ganz selbstverständlich zusteht und was die Trennung von Erwerbstätigkeit und Privatleben erst begründet: einen festen Arbeitsplatz an der eigenen Schule. Die Erfahrung zeigt, dass unser Platz im Lehrerzimmer diesen Anforderungen nicht genügt – weil hier niemand konzentriert arbeiten und die Hektik um sich herum einfach ignorieren kann.

Am Hamburger Goethe-Gymnasium hat man den Beweis erbracht, dass sich dieses Ziel auch mit einfachen Mitteln und mit einem nur geringen Finanzeinsatz erreichen lässt: Hier wurden Sammlungsräume, Lehrerstützpunkte oder Raucherzimmer umgewidmet, hier wurden Räume verkleinert, vergrößert oder geteilt – um Platz für zusätzliche Arbeitsplätze zu schaffen und um jedem der 60 Lehrer einen solchen zu garantieren. Inzwischen können sich hier zwischen drei und sechs Lehrkräfte einen einfach möblierten, aber sachdienlich ausgestatteten Raum teilen. Dabei hat sich herausgestellt, dass viele Lehrkräfte ihren Arbeitsplatz auch ohne verbindliche Präsenzzeiten nutzen und dass sie auch am Feierabend oder sogar am Wochenende hier anzutreffen sind. Solche Opfer scheinen die Lehrer des Goethe-Gymnasiums aber gern in Kauf zu nehmen – wenn sie sich im Gegenzug ein Privatleben einhandeln, das von allen beruflichen Anforderungen und Belastungen freigehalten bleibt.(6)

Darüber hinaus hat man am Goethe-Gymnasium die Erfahrung gemacht, dass feste Arbeitsplätze die **Kommunikation der Lehrkräfte untereinander fördern** und die **Teamarbeit im Kollegium erleichtern**: Hier teilen sich Kollegen einen Raum, die dasselbe Fach unterrichten oder in derselben Jahrgangsstufe eingesetzt sind. Das ermöglicht den Austausch fachlicher Informationen und die Planung gemeinsamer Projekte. Außerdem weiß man hier, wo und wann ein Kollege anzutreffen ist, dem man etwas mitteilen möchte oder mit dem man sich abstimmen will. Andererseits sind die Kollegen des Goethe-Gymnasiums nicht jener kommunikativen Dauerbeschallung ausgeliefert, durch die die Pausenzeiten in vielen Lehrerzimmern belastet sind. Sie wissen es inzwischen zu würdigen, dass sie an ihren Arbeitsplätzen „allein sein dürfen, ohne zu vereinsamen."(7)

Damit ein fester Arbeitsplatz auch wirklich zur Berufszufriedenheit der Lehrkräfte beiträgt, müssen bestimmte Spielregeln eingehalten werden. Der folgende Vertragsentwurf zeigt beispielhaft, wie sich die Schulleitung und die Personalvertretung auf solche Nutzungsbedingungen verständigen können:

Dienstvereinbarung über die Einrichtung fester Lehrerarbeitsplätze

§ 1

Jeder Lehrer/jede Lehrerin hat Anspruch auf einen Arbeitsplatz im Schulhaus, um die im Rahmen seiner/ihrer pädagogischen Arbeit anfallenden Tätigkeiten nicht zu Hause erledigen zu müssen. Die Schule stellt dafür entsprechende Räumlichkeiten zur Verfügung und verzichtet auf die Ausweisung anderer Sonderräume, wie sie in den Schulraumempfehlungen des Kultusministeriums vorgesehen sind.

§ 2

Drei bis sechs Kollegen/Kolleginnen teilen sich jeweils einen Raum, wobei die Schulleitung auf die Zusammensetzung der Teams keinerlei Einfluss nimmt. Teilzeitbeschäftigte Lehrer/Lehrerinnen müssen sich einen gemeinsamen Arbeitsplatz teilen.

§ 3

Jeder Lehrerarbeitsplatz ist mit einem Rechner und einem Internetanschluss ausgestattet. Außerdem teilen sich jeweils zwei Lehrkräfte ein Regal, um ihre Arbeitsunterlagen aufbewahren zu können. Über einen Telefonanschluss ist jeder Raum mit dem Sekretariat der Schule verbunden.

§ 4

Schülern und Schülerinnen ist der Zutritt zu den Arbeitsplätzen der Lehrkräfte ausdrücklich untersagt. Das gilt nicht für Beratungsgespräche, die vorher zwischen Schüler/Schülerin und Lehrer/Lehrerin vereinbart wurden.

§ 5

Alle Kollegen/Kolleginnen haben dafür Sorge zu tragen, dass in den Räumen der Lehrerteams ein ungestörtes und konzentriertes Arbeiten möglich ist. Eine Ausnahme gilt für Abstimmungen und Projektvorhaben innerhalb des Teams.

§ 6

Jedes Team ist für die Ordnung und Sauberkeit in seinem Raum selbst verantwortlich. Lediglich für die Bodenpflege und die Reinigung der Fenster ist externes Fachpersonal verantwortlich.

§ 7

Den Lehrern/Lehrerinnen werden keine verbindlichen Präsenzzeiten für das Verweilen am Arbeitsplatz vorgegeben. Sie können ihre Arbeitsplätze aber auch nach Schulschluss oder am Wochenende nutzen. Um diese Möglichkeit wahrnehmen zu können, erhalten alle Kollegen/Kolleginnen einen Schlüssel zum Betreten des Schulhauses.

§ 8

Das bisherige Lehrerzimmer wird zur Lounge und dient ausschließlich der Erholung und der Kommunikation innerhalb des Kollegiums. Das bisherige Raucherlehrerzimmer wird in einen Arbeitsraum umgewandelt.

Herr Hofrichter würde von einer solchen Regelung in mehrfacher Hinsicht profitieren: Er könnte seine dienstlichen Tätigkeiten endlich in der Schule erledigen. Ihm würden hier ein konzentriertes Arbeitsklima und ein reizarmes Ambiente geboten. Und er könnte sich mit seinen Kollegen auch nach Unterrichtsschluss und außerhalb der Pausen austauschen. Am wichtigsten aber wäre ihm wohl, dass er sich nicht erst nach einem anderen Beruf umsehen müsste, um von seinem Feierabend und von seinem Wochenende auch wirklich etwas zu haben.

Routine macht betriebsblind

Heiderose Mandelkow (52), *Lehrerin an einer Wirtschaftsschule*

„Wenn Sie erst einmal über die notwendige Routine verfügen, dann erledigt sich vieles von ganz allein." – Mit dieser optimistischen Prognose wurde ich seinerzeit aus dem Pädagogischen Seminar verabschiedet. Das war vor 26 Jahren. Und seitdem hat sich die mir angekündigte Routine tatsächlich eingestellt. So habe ich inzwischen keine Probleme mehr mit dem Protokoll einer Klassenkonferenz, mit dem Ablauf eines Elternabends oder mit der Organisation eines Wandertags. Ich weiß inzwischen auch, wie eine Dienstbefreiung gestellt, wie ein Beihilfeantrag ausgefüllt oder wie der Notenmanager bedient werden muss.

Ähnlich routiniert gehe ich inzwischen mit Unterrichtsstörungen, Disziplinlosigkeiten und Regelverstößen um. Hier verfüge ich über ein breit gefächertes Repertoire geeigneter Maßnahmen, das ich mir über die Dauer vieler Dienstjahre angeeignet habe: Wer seine Hausaufgabe 3-mal vergessen hat, kann sich auf eine Mitteilung an die Eltern gefasst machen. Wer meinen Unterricht wiederholt stört, wird für den Nachmittag zum Nacharbeiten einbestellt. Wer sich mir gegenüber im Ton vergreift, hat mit einer Abordnung in den Trainingsraum zu rechnen. Ich weiß inzwischen, wann eine Zusatzaufgabe, wann eine Ordnungsmaßnahme und wann ein Schulverweis fällig ist. Und auch meine Klassen haben nach kurzer Zeit begriffen, dass ich in dieser Hinsicht keinen Spaß verstehe.

Allerdings treibt mich in letzter Zeit um, was ich meinen Schülern gegenüber niemals eingestehen würde: Der von mir eingeführte Sanktionskatalog zeigt immer weniger Wirkung. Und die Schüler sind durch die von mir angedrohten Strafen immer weniger zu beeindrucken. Diese Erfahrung gilt auch für viele andere Aspekte meiner pädagogischen Arbeit: Wenn ich den Schülern schlechte Noten erteile, sehen sich diese immer weniger veranlasst, ihr Arbeitsverhalten zu ändern. Und wenn ich sie mit einem interessanten Einstieg in ein Unterrichts-

thema zu motivieren versuche, ist dieser Effekt schon nach wenigen Minuten verpufft. Was früher noch gut funktionierte, ist nur noch ein totes Ritual. Offensichtlich ist die Routine meiner nunmehr 26 Dienstjahre inzwischen in Betriebsblindheit umgeschlagen – und ich weiß nicht, wie ich aus diesem Regelkreis wieder ausbrechen könnte.

Im Lehrerzimmer habe ich keine Unterstützung zu erwarten. Hier registriert man mit klammheimlicher Freude, wenn ein anderer Kollege an die Grenze seiner pädagogischen Möglichkeiten stößt und so nicht mehr weitermachen möchte. Am liebsten würde ich deshalb alles hinschmeißen – und mich nach einem anderen Job umsehen.

Frau Mandelkow ist mit ihrem Latein am Ende und würde am liebsten in einen anderen Beruf wechseln. Mit einem solchen Wechsel würde sich die von Selbstzweifeln geplagte Lehrerin allenfalls vom Regen in die Traufe befördern. Denn dass man sich in der eigenen Routine totläuft – das kommt in allen Berufen vor. Überall schleifen sich Verhaltensweisen ein, deren Wirkung bald verpufft ist und die einem nachhaltigen Erfolg eher im Wege stehen. Eine gewisse Betriebsblindheit dürfte sich deshalb in fast allen beruflichen Zusammenhängen einstellen. Unter uns Lehrern kommt erschwerend hinzu, dass wir als **Einzelkämpfer** ganz auf uns gestellt sind und dass wir von unseren Kollegen keine regelmäßige Rückmeldung zu erwarten haben. In vielen anderen Berufen ist man in ein festes Team eingebunden, wird man bei seiner Arbeit von den Kollegen beobachtet und begleitet, kann man sich auf deren Feedback verlassen. Demgegenüber agieren wir im Klassenzimmer als Einzelkämpfer, deren Verhaltensrituale und Schrulligkeiten allenfalls den Schülern auffallen. In vielen Kollegien muss man ein Feedback durch die Kollegen oder durch die Schulleitung ausdrücklich einfordern – und kann sich dabei nicht einmal sicher sein, wie ehrlich dieses dann ausfällt. Das führt dazu, dass uns die eigene Betriebsblindheit immer wieder stolpern und hinschlagen lässt.

Darüber hinaus herrscht in unseren Lehrerzimmern eine gewisse **Kain-und-Abel-Mentalität**: Viele Lehrer empfinden sich als Konkurrenten und messen die eigene Leistung deshalb immer wieder an den Erfolgen und Misserfolgen ihrer Kollegen. Nicht ohne Schadenfreude nehmen wir deshalb an den pädagogischen Ausrutschern und Bauchlandungen anderer Lehrkräfte teil. Frau Mandelkow sollte sich deshalb nicht zu viel von einer Rückmeldung und einem Fachdiskurs innerhalb des eigenen Kollegiums versprechen. Wesentlich mehr könnte ihr der **Austausch mit den Lehrkräften anderer Schulen** bringen. Denn hier könnte sie sich Kollegen offenbaren, die in ihr keine unliebsame Konkurrenz, sondern allenfalls eine interessante Gesprächspartnerin und Leidensgenossin sehen.

Außerdem sollte Frau Mandelkow nicht unterschätzen, wie wichtig das **Feedback ihrer Schüler** für die eigene berufliche Weiterentwicklung werden könnte. Schließlich können auch junge Menschen differenziert beschreiben, wie pädagogische Verhaltensrituale von ihnen wahrgenommen und reflektiert werden. Sie sind durchaus in der Lage, präzise zu benennen, wie sie die Beziehung zu einer Lehrerin erleben und welche pädagogischen und menschlichen Hürden sich in diesem Zusammenhang für sie auftun. Dabei sollte es die Lehrerin in ihren Klassen nicht bei einer pauschalen Unterrichtskritik belassen, sondern diese zu ihrem Umgang mit Regelverstößen und Disziplinkonflikten befragen. Vielleicht würde hier bereits deutlich, dass manche ihrer Reaktionen von den Schülern als beschämend und als verletzend empfunden werden.

Frau Mandelkow sollte sich in jedem Fall nicht damit abfinden, dass der pädagogische Diskurs in unseren Lehrerzimmern durch manche Eifersüchteleien vereitelt wird. Schließlich bieten sich unterschiedliche **Möglichkeiten an, um miteinander ins Gespräch zu kommen** und **das eigene Verhaltensrepertoire auf den Prüfstand zu stellen**. In diesem Sinne könnte die an ihrer eigenen Routine zweifelnde Kollegin daran denken,

- ➔ sich in einem **Internet-Forum** mit anderen Kollegen über ihre Probleme auszutauschen. So könnte sie sich unter www.lehrerforen.de registrieren lassen und hier auf andere Nutzer treffen, die diese Form eines fachlichen Kontakts ebenfalls zu schätzen wissen.
- ➔ sich im **pädagogischen Arbeitskreis** ihrer Schule zu engagieren: Hier diskutieren Schüler, Eltern und Lehrer über Defizite und Konflikte, die die Situation im Klassenzimmer belasten. Grundlage der gemeinsamen Arbeit könnte eine schulinterne Umfrage zu Fragen der pädagogischen Qualität sein.
- ➔ mit einem jüngeren Kollegen ein **pädagogisches Tandem** zu bilden: Die Arbeit des Tandems umfasst gegenseitige Unterrichtsbesuche und deren Nachbearbeitung im kollegialen Austausch. Um keine Konkurrenzsituation entstehen zu lassen, hat sich die altersgemischte Zusammensetzung solcher Tandems bewährt.
- ➔ das Angebot einer **kollegialen Fallberatung** zu nutzen: Im Rahmen regelmäßiger Gruppentreffen stellen dabei einzelne Kollegen Fälle aus ihrer pädagogischen Praxis vor, die dann von der gesamten Gruppe analysiert und bewertet werden. Dabei wird jeweils nach einem verbindlichen Durchführungsschema vorgegangen.

Schließlich könnte Frau Mandelkow eine **Supervision** helfen, das eigene Verhalten mit anderen Augen zu sehen und unter neuen Kriterien zu bewerten. Nähere Informationen dazu finden Sie im nächsten Abschnitt.

Die eigene Arbeit mit anderen Augen sehen: Supervision als Orientierungshilfe

Viele Kollegen haben wenig Ahnung, was eine Supervision leisten kann und für wen dieses Beratungsangebot überhaupt infrage kommt. Für sie handelt es sich hier um eine therapeutische Maßnahme für psychisch labile Lehrkräfte, die sich dadurch einem möglichen Burnout entziehen wollen. Wer an einer Supervision teilnimmt, ist deshalb nicht selten der Häme, zumindest aber den fürsorglichen Blicken seiner Kollegen ausgesetzt. Dabei gilt die Supervision in anderen sozialen und pädagogischen Tätigkeitsfeldern längst als notwendiger Beitrag zu einem professionellen Berufsverständnis. Für viele Erzieher, Sozialpädagogen, Ärzte oder Dozenten ist es ganz selbstverständlich, die Dienste eines Supervisors in Anspruch zu nehmen. Und immer mehr Führungskräfte wissen diese **professionelle Flankierung** ihrer anspruchsvollen Tätigkeit zu schätzen.

An einem Wendepunkt ihrer beruflichen Entwicklung angekommen, wird Frau Mandelkow mit Interesse den folgenden Flyer lesen, den ihr eine befreundete Schulpsychologin ins Fach gelegt hat:

Supervision für Lehrkräfte

Ein Angebot der Schulpsychologischen Dienste

Was ist Supervision?

Dieses Gesprächsangebot vermittelt Lehrkräften eine neue, ungewohnte Sicht auf ihre beruflichen Tätigkeit. Es unterstützt die Supervisanden bei der Entwicklung alternativer Perspektiven und Handlungsmöglichkeiten. Durch den Einsatz geeigneter Methoden hilft ihnen der Supervisor außerdem dabei, ihre Beziehung zu den Schülern zu reflektieren und ihr berufliches Rollenverständnis zu klären.

Wann ist es sinnvoll, dieses Angebot in Anspruch zu nehmen?

Die Supervision unterstützt vor allem Lehrkräfte, die mit der Praxis ihrer bisherigen pädagogischen Arbeit unzufrieden sind, die sich an ihrer Schule mit neuen Herausforderungen konfrontiert sehen oder in Leitungsaufgaben einzuarbeiten haben. Von ihr können wichtige Anstöße zur beruflichen Weiterentwicklung ausgehen.

Wie ist die Supervision organisiert?

Die Teilnehmer können zwischen einer Einzel- und einer Gruppensupervision wählen. Im zweiten Fall wird die Bildung einer externen heterogenen Gruppe bevorzugt: Alle Teilnehmer sind als Lehrkräfte tätig, unterrichten aber an unterschiedlichen Schulen. Bei den regelmäßig stattfindenden Supervisionsterminen werden jeweils konkrete Situationen und Fälle analysiert.

Was verändert sich dadurch für die Lehrkräfte?

Die Supervision fördert die berufliche Zufriedenheit im Lehrerberuf. Die teilnehmenden Lehrkräfte gehen ihre berufliche Tätigkeit professioneller an, sie können mit ihren Stärken und Schwächen souveräner umgehen und die eigene Rolle präziser bestimmen – das gilt auch für ihr Verhältnis zu den Schülern und zu den Kollegen.

Wer kommt als Supervisor infrage?

In der Regel wird die Supervision von Fachleuten angeboten, die über ein entsprechendes Zertifikat verfügen. Viele Supervisoren sind außerdem als Schulpsychologen tätig.

Welche Kosten kommen auf die Teilnehmer zu?

Die Gruppensupervision finanziert sich aus den Gebühren der Teilnehmer und aus öffentlichen Mitteln. Die Kosten einer Einzelsupervision müssen in der Regel vom Supervisanden allein getragen werden.

Wo kann man sich informieren?

Interessierte Lehrkräfte wenden sich an die Schulverwaltung, an die schulischen Beratungsstellen oder den für sie zuständigen Schulpsychologischen Dienst. Darüber hinaus kann man über das Internetangebot der Deutschen Gesellschaft für Supervision (www.dgsv.de) weitere Erkundigungen einholen.

Vielleicht veranlasst dieses Angebot Frau Mandelkow, sich einen Ruck zu geben und sich zu einer Gruppensupervision anzumelden. Hier dürfte sie auf andere Lehrkräfte treffen, die ebenfalls an einem „toten Punkt" ihrer beruflichen Entwicklung angekommen sind. Die Lehrerin wird es zu schätzen wissen, dass die Mitglieder der Supervisionsgruppe an unterschiedlichen Schulen unterrichten und sich deshalb nicht ständig über den Weg laufen. Damit trifft sie auf keine Kollegen, die in ihr eine mögliche Konkurrentin sehen und ihr mit einem über viele Jahre gewachsenen Misstrauen begegnen. Umso leichter dürfte es Frau Mandelkow fallen, von ihrer unbefriedigenden Sanktionspraxis und von der gestörten Beziehung zu ihren Schülern zu erzählen. Mit **bewährten Supervisionsmethoden,** wie dem Rollenspiel, dem Psychodrama oder dem Zurufttheater, würde der Lehrerin bewusst, dass sie pädagogische Situationen immer auch aus der Sicht der Betroffenen erleben und bewerten muss. So dürfte mancher Schüler ihr Verhalten als Kränkung empfinden, obwohl Frau Mandelkow doch nur um eine gerechte, wenn auch konsequente Reaktion bemüht war. Von den anderen Teilnehmern und ihrem Supervisor hätte sie keine pädagogischen Rezepte zu erwarten – aber sie wäre mit Fragen und Anstößen konfrontiert, mit denen sich die Stagnation ihrer professionellen Selbstfindung allmählich überwinden ließe.

Ein schwieriges Alter

Marie-Therese Kreibich (47), *Lehrerin an einem Gymnasium*

Carina ist verliebt. Sie findet Yannik aus der Parallelklasse total süß und verziert deshalb sämtliche Hefte und Arbeitsblätter mit dem Namen des Angebeteten. Zwar hat sie bisher nicht den Mut aufgebracht, sich dem dunkel gelockten Schüler persönlich zu offenbaren. Dafür nutzt sie jede Gelegenheit, um sich mit ihrer besten Freundin über Yanniks private Lebensumstände auszutauschen und die Strategie einer erfolgreichen Anmache zu entwickeln. Von meinem Unterricht in Geschichte bekommt sie deshalb so gut wie nichts mit. Worum es in meinen Stunden auch immer geht und mit welchen Methoden ich hier arbeite – Carina ist für mich derzeit überhaupt nicht zu erreichen.

Und es ist nicht Carina allein: Auch die anderen Jungen und Mädchen in ihrer Klasse scheinen mit sich und ihren altersbedingten Problemen so beschäftigt, dass sie von meinem Unterricht kaum etwas mitbekommen. In der Pubertät ist für sie alles andere wichtiger als der Kanon der Lerninhalte. Da haben die erste Liebe, der erste Rausch, die erste Lebenskrise Vorrang vor allen fachlichen Belangen. Da fehlt es an der nötigen Kondition, um sich auch noch auf den Unterricht zu konzentrieren, sich mit den anstehenden Hausaufgaben abzugeben oder sich gar in irgendwelche Prüfungsvorbereitungen zu vertiefen. Die jungen Leute scheinen mit ihren pubertären Anwandlungen so beschäftigt, dass das schulische Lernen so lange abgemeldet bleibt.

Einige meiner Kollegen haben daraus die Konsequenzen gezogen: Sie haben sich von den eigenen fachlichen Ansprüchen verabschiedet und gefallen sich jetzt in der Rolle der Sozialpädagogen, die die armen Schüler durch die anstrengende Zeit ihrer Pubertät lotsen. Sie vernachlässigen die eigene Fortbildung und organisieren stattdessen Zeltlager und Selbsterfahrungsseminare, veranstalten Jungenkonferenzen und Elterntrainings, betreuen die Streitschlichter und das Schülercafé. Für diese Kollegen ist der Unterricht schon lange kein Ort vertiefter Allgemeinbildung mehr, sondern nur noch der organisatorische Begleitrahmen einer gruppentherapeutischen Rundumversorgung. Auf einen solchen Rollenwechsel aber kann und will ich mich nicht einlassen.

Es macht mir zu schaffen, dass ich immer wieder in den ungeliebten Jahrgängen der Mittelstufe lande. Für die pflegeleichten Eingangsklassen sind ausschließlich die jüngeren Lehrkräfte vorgesehen. Und die prestigeträchtigen Kurse der Oberstufe werden von den alteingesessenen Kollegen untereinander aufgeteilt. Da bleibt einer Lehrerin wie mir nur der pädagogische Frondienst zwischen Zahnspangen und Milchbärten.

Mit den Jahren wird mir immer deutlicher, dass ich mich nicht ein ganzes Lehrerleben lang mit den Pubertätsproblemen junger Menschen herumärgern möchte. Für meine Schüler mag die Pubertät eine aufregende Zeit sein – für mich ist sie einfach ein schwieriges Alter.

Viele Lehrkräfte werden diesen Stoßseufzer der geplagten Gymnasiallehrerin nachvollziehen können. Denn die **Klagen über die pädagogische Arbeit in „Pubertätsklassen“** sind im Kollegenkreis ausgesprochen verbreitet. Dieses pauschale Urteil wird freilich der Individualität unserer Schüler und der Vielfalt unserer Klassen nicht gerecht: Jeder junge Mensch erlebt die Zeit des Heranwachsens ganz anders, jeder geht ganz anders damit um. Außerdem verbietet es der Respekt vor der Persönlichkeit unserer Schüler, diese auf ein bestimmtes Stadium ihrer biologischen oder psychischen Entwicklung zu reduzieren. Kein Pädagoge wird deshalb heute von Jugendlichen in den „Flegeljahren“ sprechen wollen, weil sich mit einer solchen Abwertung die individuelle Mischung persönlicher Stärken und Schwächen nur unzureichend abbilden lässt.
Für Frau Kreibich sind **Schüler in diesem Alter** mit den Mitteln des Unterrichts **kaum noch zu erreichen**. Dabei sind junge Menschen gerade in der Zeit des Heranwachsens auf das institutionelle Angebot der Schule angewiesen. Mehr als in anderen Etappen ihrer Lebensgeschichte suchen sie in dieser Zeit die Gemeinsamkeit mit Gleichaltrigen, um sich hier auf ihre neue Rolle als mündige Mitglieder der Erwachsenenwelt vorzubereiten. So wird die Schule für sie zu einem Spielraum, in dem sich zusätzliche Kompetenzen erwerben und neue Verhaltensweisen ausprobieren lassen. Dafür muss sich die Schule tatsächlich **sozialpädagogischen Herausforderungen** öffnen. Insofern erscheint es durchaus legitim, wenn einzelne Kollegen den Schülern ihre Lotsendienste durch eine klippenreiche Zeit andienen – auch wenn sich Frau Kreibich selbst damit überfordert fühlt.

Recht hat die aufgebrachte Lehrerin mit ihrer Beobachtung, dass sich junge Menschen in der Zeit ihrer Adoleszenz den tradierten Strukturen des schulischen Lernens verweigern. Sie können mit der kopflastigen und lebensfremden Herangehensweise des Unterrichts nichts anfangen, können der abstrakten und systematischen Form des Lehrgangs so gar nichts abgewinnen. Dafür blühen sie auf, wenn sie sich mit **praktischen Aufgaben** beschäftigen, sich **neue Lernorte** erschließen oder sich in **fächerübergreifenden Projekten** engagieren. Exkursionen, Praktika, Seminare oder Austauschprogramme stehen für solche Formen des Lernens, die **den Bedürfnissen der jungen Leute entgegenkommen** und mit denen sich manche hormonelle Turbulenzen überlisten lassen. So wäre Frau Kreibich gut beraten, die Schüler im Rahmen ihres Unterrichts nicht länger mit dem Studium historischer Quellen oder der Auswertung statistischer Tabellen zu langweilen. Stattdessen könnte sie den Schülern die Möglichkeit geben,

- ➔ Gastarbeiter der ersten Generation im Rahmen eines Erzählcafés zu ihrer Migrationsgeschichte und ihren Erfahrungen in der neuen Heimat zu befragen.
- ➔ sich mit dem Fahrrad auf Spurensuche zu begeben und die Geschichte des Bauernkriegs in ihrer Heimatregion zu rekonstruieren.
- ➔ ein Praktikum im Stadtarchiv zu absolvieren und dabei herauszufinden, wie die Nationalsozialisten 1933 vor Ort die Macht übernahmen.
- ➔ sich von den Mitgliedern eines historischen Zunftvereins in ein lange vergessenes Handwerk einweisen zu lassen.
- ➔ eine historische Modenschau zu organisieren und auf dem Catwalk die Kleidersitten vergangener Epochen vorzuführen.
- ➔ sich für zwei Tage in eine Höhle zurückzuziehen und hier das Leben der Steinzeitmenschen nachzustellen.
- ➔ im Rahmen eines Ideenwettbewerbs ein neues Kriegerdenkmal für die Gefallenen beider Weltkriege zu entwerfen.
- ➔ die Passanten in der Fußgängerzone durch die Methode des Unsichtbaren Theaters mit den braunen Geschichtslügen zu konfrontieren.

Zu Recht wird die pubertätsgeschädigte Geschichtslehrerin einwenden, die Organisation des Unterrichts sei für solche Projekte nicht ausgelegt. Der eingeführte Rhythmus der 45-Minuten-Stunden sei mit den Anforderungen eines Praktikums, einer Exkursion oder einer öffentlichen Veranstaltung nicht kompatibel. Deshalb sollte sie **ihre Kollegen dafür gewinnen**, in den Klassen der Mittelstufe **ein neues Zeitmodell einzuführen**, bei dem die Struktur des Wochenstundenplans durch ein Lernen in zusammenhängenden Blöcken ersetzt wird.

Tipp

Wagen Sie in diesem Zusammenhang einen ersten Schritt und beantragen Sie, dass Ihr Unterricht jeweils in den **Randstunden** stattfindet. Dann werden Sie keine Probleme damit haben, einzelne Stunden ausfallen und ihre Schüler die versäumte Unterrichtszeit im Rahmen von Projekten oder Seminaren nachholen zu lassen – ob am Nachmittag, am Wochenende oder in den Ferien. Sie können dann der Schulleitung und den Kollegen gegenüber nachweisen, dass das vorgegebene Zeitbudget eingehalten wurde, ohne dass Sie sich deswegen dem Diktat des Wochenstundenplans ausgeliefert haben. So dürften sich auch schwierige Jahrgänge für Ihr Fach und für Ihren Unterricht begeistern lassen.

Es mag natürlich sein, dass sich Frau Kreibich auf eine so weitreichende Veränderung der Unterrichtsorganisation nicht einlassen möchte. Vielleicht ist sie eine eher konservative Lehrerin, die sich lieber für den unverzichtbaren Kanon fachlicher Inhalte als für innovative Formen des Lernens engagieren möchte. In diesem Fall sollte die Kollegin den **Wechsel auf eine Einrichtung** erwägen, in der sie es **ausschließlich mit erwachsenen Schülern** zu tun hat – und in der sie sich nicht immer wieder mit den Nöten pubertierender Kinder und Jugendlicher konfrontiert sieht. Dazu finden Sie im folgenden Abschnitt nähere Informationen.

Wenn es mit den Kids nicht mehr funktioniert: Auf eine Einrichtung für Erwachsene wechseln

Wer sich für den Beruf des Lehrers entscheidet, orientiert sich dabei an seinen eigenen schulischen Erfahrungen. Für ihn dürfte deshalb zunächst eine Tätigkeit an einer allgemeinbildenden Regelschule in Betracht kommen – so wie er diese als Grundschüler oder als Gymnasiast kennengelernt hat. Allerdings wird er es hier immer mit jungen Leuten zu tun haben, deren pubertäres Gebaren ihn vielleicht schon nach kurzer Zeit an seiner pädagogischen Berufung zweifeln lässt. Die Arbeit mit schwierigen Jahrgängen lässt sich aber umgehen, wenn man **auf eine Schule des zweiten Bildungswegs wechselt.**

Deshalb sollten Sie rechtzeitig nach solchen Einrichtungen Ausschau halten, die ebenfalls zu einem schulischen Abschluss führen, deren Angebot sich aber ausschließlich an erwachsene Schüler richtet. **Mit Ihrer Lehrbefähigung** haben Sie **alle Voraussetzungen** erfüllt, um an solchen Schulen zu unterrichten. Deshalb sollten Sie sich zunächst einen **Überblick über die für Sie infrage kommenden Einrichtungen** verschaffen:

Stufenschulen

Junge Erwachsene, die den mittleren Bildungsabschluss erreicht haben, können in die **Fachoberschule** oder – unter Nachweis einer erfolgreichen beruflichen Ausbildung – in die **Berufsoberschule** übertreten. Hier haben sie die Möglichkeit, das Fachabitur oder die allgemeine Hochschulreife zu erwerben.

Schüler, die bisher eine integrierte Schulform besucht und diese mit dem Erwerb der mittleren Reife abgeschlossen haben, können ihren Bildungsweg in einem **Oberstufenzentrum** fortsetzen. Der Besuch einer solchen Stufenschule schließt mit der allgemeinen Hochschulreife ab. Eine Sonderform stellt das **Berufliche Gymnasium** dar, an dem junge Erwachsene mit mittlerer Reife über eine Ausbildung mit umfangreichen Praxisanteilen die allgemeine Hochschulreife erwerben.

→ *An einer Fachoberschule unterrichten Lehrkräfte mit der Laufbahnvoraussetzung für den Unterricht an einer Realschule oder einem Gymnasium. Voraussetzung für eine Unterrichtstätigkeit an einem Oberstufenzentrum, einem Beruflichen Gymnasium oder einer Berufsoberschule ist eine Lehrbefähigung für die Sekundarstufe II.*

Abendschulen

Durch den Besuch einer Abendschule haben Berufstätige die Möglichkeit, einen weiterführenden Schulabschluss zu erwerben, ohne ihr Beschäftigungsverhältnis aufgeben zu müssen.

In der Regel sind die **Abendhauptschule**, die **Abendrealschule** oder das **Abendgymnasium** allgemeinbildenden Regelschulen angegliedert. Die Lehrpläne und die Abschlussprüfungen entsprechen den Vorgaben und Leistungsanforderungen der Regelschulen.

→ *Wer die Voraussetzungen für eine Unterrichtstätigkeit an den entsprechenden Regelschulen erbringt, kann sich um die Anstellung an einer Abendschule bewerben.*

Vollzeitschulen

Das Bildungsangebot der Vollzeitschulen richtet sich an Erwachsene, die dafür ihre Berufstätigkeit unterbrechen, um sich ganz auf den Unterricht konzentrieren zu können.

Junge Erwachsene, die ihre Schulpflicht bereits erfüllt haben, können einen schulischen Abschluss nachholen. Dazu bieten Volkshochschulen und andere Bildungsträger entsprechende Kurse an, die auf einen **nachzuholenden Bildungsabschluss** vorbereiten und zum Erwerb eines qualifizierenden Hauptschulabschlusses oder der mittleren Reife führen.

Voraussetzung für den Besuch eines **Kollegs** ist eine abgeschlossene Berufsausbildung. Die Schüler können hier in zwei oder drei Jahren das Fachabitur oder die allgemeine Hochschulreife erwerben.

→ *Die Beschäftigung in einer Einrichtung, die zu einem nachzuholenden Schulabschluss führt, steht Lehrkräften aller Schularten offen. Bei Lehrkräften, die an einem Kolleg unterrichten, wird eine Lehrbefähigung für die gymnasiale Oberstufe vorausgesetzt.*

Vielleicht sieht Frau Kreibich keine Chance mehr, die Schüler der Mittelstufe mit ihrem Unterricht noch irgendwie erreichen zu können. In diesem Fall wäre ihr tatsächlich der Wechsel auf eine Schule für Erwachsene zu empfehlen. Sie könnte sich z.B. für eine Unterrichtstätigkeit an einem Abendgymnasium oder an einem Kolleg entscheiden. Hier würde sie auf hochmotivierte Schüler treffen, die mit viel Ernst und Ausdauer bei der Sache sind und die Turbulenzen der Pubertätsjahre längst hinter sich haben. Andererseits sollte sich die genervte Gymnasiallehrerin darauf einstellen, dass viele Schüler einen solchen Bildungsgang nach kurzer Zeit wieder abbrechen und dass die **Fluktuation in den Kursen und Klassen in der Regel sehr hoch** ist. Vielleicht hat sie aber für die Zeitprobleme bildungswilliger Berufstätiger mehr Verständnis als für die Aufgeregtheiten der ersten Liebe.

Allein unter Frauen

Malte Fahrenbach (39), *Lehrer an einer Grundschule*

The same procedure as every year: Morgen steht der letzte Schultag vor den Weihnachtsferien bevor. Und ich freue mich darauf, endlich wieder ausschlafen und die Beine hochlegen zu können. Dazu will aber erst einmal jener Marathon des Wünschens und Schenkens überstanden sein, den meine Kolleginnen jeweils vor dem Beginn der Weihnachtsferien veranstalten. Da müssen alle ernsthaften Gespräche zurückgestellt werden, weil kunstvoll verpackte und liebevoll beschriftete Nichtigkeiten hin- und hergereicht werden. Da haben erwachsene Frauen nichts Besseres zu tun, als untereinander irgendwelche Präsente und nicht minder einfallslose Weihnachtswünsche auszutauschen. Als einziger Mann im Kollegium meiner Grundschule bin ich von diesem Kartell wechselseitiger Aufmerksamkeiten selbstverständlich ausgenommen. Vielleicht wird mir erst in solchen Zusammenhängen mein Exotenstatus so richtig bewusst.

Ich habe mir nicht vorstellen können, mich unter lauter Frauen jemals so unwohl zu fühlen. Im Gegenteil: Meine Entscheidung für das Lehramt an Grundschulen war seinerzeit mit einem ganz bewussten Aufbegehren gegen traditionelle Geschlechterbilder und Rollenklischees verbunden. Ich wollte allen beweisen, dass auch ein Mann mit den Kurzen aufmerksam und fürsorglich umgehen kann. Und dass es keiner angeborenen Mutterinstinkte bedarf, um Kinder im Grundschulalter durch die ersten Schuljahre zu begleiten. Was ich an manchen meiner Kolleginnen beobachte, sind aber weniger die Fürsorglichkeiten einer kinderfreundlichen Lehrkraft, sondern die Allüren eines besorgten Hausmütterchens: Da wird die Küchenzeile regelmäßig geputzt und gewienert, da werden die kahlen Tische mit gefälligen Blumensträußchen dekoriert, da wird das ganze Lehrerzimmer zur Weihnachtszeit in heimeligen Glanz getaucht.

Wenn sich die Feminisierung des Kollegiums auch in der pädagogischen Arbeit niederschlägt, reagiere ich zunehmend gereizt. Uneingestandenes Leitbild meiner Kolleginnen ist das angepasste, unauffällige und pflichtbewusste Mädchen, das zu unterrichten weder besonderen Einsatz noch größere Fantasie verlangt. Gerade die lauten, frechen und kritischen Jungen können solche Erwartungen nicht erfüllen und fühlen sich vorschnell als Problemfälle abgestempelt. In einer Schule, in der die pädagogischen Normen fast ausschließlich von Frauen gesetzt werden, werden die Grundlagen für spätere Misserfolge und Niederlagen gelegt. Hier beginnt der Leidensweg vieler Jungen, die später an den Ansprüchen unseres Schulsystems scheitern und dadurch zu Bildungsverlierern werden.

Ich musste mich seinerzeit für die Grundschule oder für die Sekundarstufe entscheiden; anders als meine älteren Kollegen. Diese können heute problemlos auf eine Haupt-, Mittel oder Oberschule wechseln – ich nicht. Wie lange ich mir das ungewollte Eremitendasein unter lauter Kolleginnen allerdings noch zumute, dazu möchte ich lieber keine Prognose abgeben.

Zunächst wird der rhetorische Befreiungsschlag des aufgebrachten Grundschullehrers durch die Ergebnisse der Bildungsstatistik bestätigt. Tatsächlich ist die **Grundschule eine Domäne der Frauen**. Sie stellen hier 88,2 % aller Lehrkräfte[8]. Und deshalb sollte es niemanden wundern, wenn sie an unseren Grundschulen auch den Ton angeben. Und auch in dieser Einschätzung hat Herr Fahrenbach Recht: Die **Jungen** sind tatsächlich **die großen Verlierer unseres Bildungssystems**. Schließlich stellen sie zwei Drittel der Förderschüler, der Sitzenbleiber und der Schulabbrecher. Demgegenüber gehören die Mädchen zu den großen Absahnern: Beim Erwerb der mittleren Reife oder des Abiturs, bei den Ausbildungsplätzen oder bei den Studienberechtigungen liegen sie jeweils deutlich vorn.[9]

Umstritten ist allerdings, inwieweit sich das Versagen der Jungen auf die weibliche Übermacht an unseren Grundschulen zurückführen lässt. Einerseits **fehlt es** ihnen hier tatsächlich **an männlichen Autoritäten**, an denen sie ihr Bildungsverhalten ausrichten könnten. Andererseits mag es **viele weitere Gründe** geben, warum sich die Jungen in unserem Schulsystem so schwer tun: Sie treffen hier auf einen Bildungskosmos, der eher auf die Alltagserfahrungen und auf die kulturellen Interessen der Mädchen zugeschnitten ist. Und sie erleben hier einen Methodenkanon, der ihrem Bedürfnis nach Abwechslung, Bewegung und Wettbewerb so gar nicht entgegenkommt. Das alles mag dazu beitragen, dass die schulische Bildung von vielen Jungen als reiner „Weiberkram" erlebt wird, auf den sie sich nicht einlassen und mit dem sie sich schon gar nicht anfreunden wollen.

Herr Fahrenbach beklagt die allzu einseitige Zusammensetzung seines Kollegiums. Für ihn führt die weibliche Dominanz im Lehrerzimmer zur Herausbildung einer pädagogischen Monokultur, die sich im stillschweigenden Wertekonzept seiner Schule niederschlägt. Tatsächlich gilt eine **möglichst heterogene Zusammensetzung des Kollegiums inzwischen als Garant einer erfolgreichen pädagogischen Arbeit**. Wo Lehrkräfte unterschiedlichen Alters, unterschiedlicher Herkunft und unterschiedlichen Temperaments kollegial zusammenarbeiten – da werden den Schülern unterschiedliche Identifikationsangebote gemacht, da kann sich jeder verstanden und angenommen fühlen. In den letzten Jahren wurde den Schulen eine **immer größere Mitsprache bei der Auswahl der Lehrkräfte** zugestanden. Viele Schulen sehen darin eine Chance, um über die Einstellung neuer Lehrkräfte vielfältige Erfahrungen und Kompetenzen zu bündeln und damit die Gefahr einer pädagogischen Monokultur zu bannen. So legen sie großen Wert auf

- ein möglichst ausgewogenes Geschlechterverhältnis, damit sich Jungen wie Mädchen an entsprechenden Vorbildern orientieren können.
- eine gesunde Mischung aus erfahrenen Lehrkräften und pädagogischen Neulingen, damit im Lehrerzimmer für ein kollegiales „Reizklima“ gesorgt ist.
- die Einstellung von Lehrern mit unterschiedlichen Bildungsbiografien, wobei Seiteneinsteiger aus anderen Berufen ausdrücklich willkommen sind.
- den Zuwachs an Kompetenz und Verständnis, den Lehrkräfte mit Migrationserfahrungen in die pädagogische Arbeit einbringen können.
- ein vielfältiges Angebot an den Erfahrungen und Qualifikationen, die einzelne Lehrkräfte in Hobby, Verein und Ehrenamt erworben haben.

Damit **entscheidet sich die Einstellung eines Bewerbers** nicht mehr an seiner Examensnote oder Platzziffer, sondern **an dem Beitrag, der von ihm für die Vielfalt des pädagogischen Angebots zu erwarten ist.** Hier könnte auch Herr Fahrenbachs Engagement ansetzen: Er könnte bei der Schulleitung und bei der zuständigen Schulaufsicht darauf drängen, dass bei der Einstellung neuer Lehrkräfte auf eine möglichst plurale Zusammensetzung des Kollegiums geachtet wird. Vielleicht kann er seine Kolleginnen sogar dafür gewinnen, gemeinsam einen Erwartungskatalog zu erarbeiten und diesen in das Bewerbungsverfahren einzuspeisen. Dann könnte es durchaus sein, dass sich unter den neu eintretenden Lehrkräften seiner Schule bald auch eine gelernte Tanzpädagogin, eine Kollegin im Rollstuhl, eine Lehrerin mit türkischen Wurzeln – und vielleicht sogar ein Mann befindet.

Voraussetzung wäre freilich, dass sich das ganze Kollegium auf eine Auseinandersetzung mit der Geschlechterthematik einlässt, die im Alltag von Unterricht und Schulleben eine oft unterschätzte Rolle spielt.

Damit die Koedukation wirklich gelingt: Die Schule geschlechtergerecht gestalten

In den Aufsichtsräten großer Unternehmen befinden sich nur wenige Frauen. Unter den Unfallverursachern im Straßenverkehr sind die Männer eindeutig in der Überzahl. Der größte Teil der anfallenden Hausarbeit in den Familien wird von Frauen erledigt. – Diese drei Beispiele belegen: In fast jedem Bereich des gesellschaftlichen Lebens sind unter dem Geschlechteraspekt bestimmte Auffälligkeiten und Abweichungen, aber auch Ungereimtheiten und Ungerechtigkeiten zu finden. Die **Genderpädagogik** spürt solchen geschlechtsspezifischen Besonderheiten im Bereich der Schule nach und verlangt nach entsprechenden Korrekturen. Am Leitbild einer geschlechtergerechten Schule orientiert, geht sie den unterschiedlichen Bedürfnissen von Jungen und Mädchen nach, analysiert deren strukturelle Benachteiligung im Unterrichtsbetrieb oder hinterfragt die Vermittlung ideologisch besetzter Stereotype und Ressentiments. Seit unsere Schulen nach dem Zweiten Weltkrieg in koedukative Einrichtungen umgewandelt wurden, ist eine solche Nachjustierung eigentlich überfällig. Denn das gemeinsame Lernen von Jungen und Mädchen ist nur sinnvoll, wenn dabei beide auf ihre Kosten kommen.

Vielleicht könnte Malte Fahrenbach seine Kolleginnen davon überzeugen, dass auch an ihrer Schule eine solche Genderarbeit angebracht wäre. Ausgehend von einer pädagogischen Konferenz oder einem gemeinsamen Fortbildungstag, könnte hier das **gesamte Schulleben auf den Prüfstand gestellt** und **nach solchen geschlechtsspezifischen Disparitäten durchleuchtet** werden. So würde wohl auch seinen Kolleginnen bewusst, dass hier durchaus Handlungsbedarf besteht. Herr Fahrenbach könnte dabei auf die Unterstützung jener Lehrerinnen zählen, denen die schleichende Feminisierung ihrer Schule ebenfalls ein Dorn im Auge ist. Auch unter den Frauen dürften einige etwas dagegenhaben, dass sämtliche Klassenzimmer mit „Prinzessin Lillifee“-Bildern tapeziert werden und dass hier zunehmend ein tantenhafter Singsang einzieht. Nicht wenige Grundschullehrerinnen sehen mit Sorge, dass immer mehr Jungen abdriften und irgendwann den Anschluss ganz verlieren. Hier hätte der isolierte Grundschullehrer Verbündete, mit deren Hilfe sich das ganze Kollegium für die Genderarbeit gewinnen ließe.
Auf ihre gemeinsame Initiative hin könnte die Schulkonferenz das Projekt einer geschlechtergerechten Schule zum **Jahresthema** erklären. In diesem Zusammenhang ist an viele Einzelmaßnahmen zu denken, mit denen an einem gemeinsamen Ziel gearbeitet und eine gemeinsame Idee verfolgt wird – hier einige Beispiele:

Die geschlechtergerechte Schule
Genderpädagogik in der Praxis

Gestaltungsaspekte	Konkrete Einzelmaßnahmen
Personal	Die Unterrichtsverteilung sieht vor, dass jede Klasse wenigstens in einem Fach von einer männlichen Lehrkraft unterrichtet wird.
Fortbildung	Im Rahmen eines Pädagogischen Tags informiert sich das Kollegium, wie die Jungen im Unterricht künftig besser gefördert werden könnten.
Unterrichtsorganisation	In den naturwissenschaftlichen Fächern der 3. und 4. Jahrgangsstufe werden Jungen und Mädchen getrennt voneinander unterrichtet.

Gestaltungs-aspekte	Konkrete Einzelmaßnahmen
Raumkonzept	Ein Teil des Pausenhofs ist für ruhigere Aktivitäten vorgesehen – in einem anderen kann gerannt, getobt oder gespielt werden.
Rituale	Am letzten Schultag im Monat finden jeweils Jungen- und Mädchenkonferenzen statt, bei denen auch einmal Klartext gesprochen wird.
Lerninhalte	Ein Lehrerteam durchforstet die Schulbücher und Arbeitsblätter nach geschlechterspezifischen Rollenklischees und Vorurteilen.
Methoden	Eine Lehramtsstudentin ermittelt in einer Umfrage, wie gut sich die Jungen und Mädchen mit einzelnen Unterrichtsmethoden erreichen lassen.
Projektarbeit	Einmal im Jahr findet ein Thementag statt, bei dem jungen- bzw. mädchenspezifische Inhalte und Projekte angeboten werden.
Schulleben	Zwischen zwei Schulstunden findet jeweils eine 5-minütige Bewegungspause statt – in der sich die Kinder z.B. an Jonglierbällen versuchen.
Mitbestimmung	An der Schule wird das Amt eines Jungenbeauftragten geschaffen, an den sich die Jungs mit ihren besonderen Nöten wenden können.
Elternarbeit	Die Schulverfassung empfiehlt, jeweils eine Mutter und einen Vater zur Klassenpflegschaft zu wählen – und damit ein gemischtes Doppel zu bilden.
Außenkontakte	Die 4. Klassen besuchen Frauen an ihrem Arbeitsplatz, die in einem klassischen Männerberuf arbeiten – und Männer, die sich für einen eher untypischen Beruf entschieden haben.

Durch die Arbeit an einer geschlechtergerechten Schule dürfte Herr Fahrenbach sein Kollegium von einer ganz neuen Seite kennenlernen: So könnte ihm bewusst werden, wie **viele Frauen im Lehrerberuf immer noch benachteiligt** sind – wenn es um Beförderung und Aufstieg geht. Oder er könnte sich eingestehen, dass die Väter in der Elternarbeit zwar die Minderheit stellen – dass sie hier aber oft das ganz große Wort führen. Oder er könnte einsehen, dass die Bildungsdefizite der Jungen bereits in Krippe und Kindergarten einsetzen – weil der Frauenanteil noch über dem der Grundschule liegt. So fällt das Bemühen, beiden Geschlechtern gerecht zu werden, immer auf die Initiatoren zurück. Offensichtlich ist die **Arbeit an einer geschlechtergerechten Schule für alle Beteiligten ein dauernder Lernprozess.**

Kapitel 3

„Das ist nicht mehr der Beruf, für den ich mich einmal entschieden habe."

„Lernen ist wie Rudern gegen den Strom: Sobald man aufhört, treibt man zurück." – Mancher Kollege wird sich dieser Weisheit des Laotse erinnern, die seinerzeit viele Poesiealben adelte. Das Rudern gegen den Strom: Viele von uns werden diese Metapher auch auf ihren Beruf und auf ihre berufliche Entwicklung übertragen haben. Auch hier bedarf es immer neuer Herausforderungen, um nicht zurückgeworfen zu werden. Als Lehrer haben wir uns über einen Mangel solcher Herausforderungen nicht zu beklagen: Die Umwandlung unserer Schulen zu Ganztagseinrichtungen, die fortschreitende Integration unterschiedlicher Schularten, die Differenzierung und Individualisierung des schulischen Lernens, die Umsetzung der UN-Behindertenrechtskonvention – immer stellen uns solche Projekte vor neue Aufgaben, verlangen sie uns zusätzliche Anstrengungen ab. Schließlich liegt es jeweils an uns, ob von den hochtrabenden Plänen bei den Schülern auch wirklich etwas ankommt. Daneben haben wir uns Herausforderungen zu stellen, die sich kein Kultusminister ausgedacht hat: Nach unserer Wahrnehmung geht die Leistungsbereitschaft unserer Schüler immer mehr zurück, treten ihre Eltern immer anspruchsvoller auf, werden immer mehr Verwaltungsaufgaben auf uns abgewälzt. Hier haben wir es mit keinen spannenden Reformprojekten zu tun, für die wir durchaus manche Gewohnheit und manche Bequemlichkeit zu opfern bereit wären. Stattdessen sind wir hier in eine kontinuierliche Abwärtsspirale geraten, die unsere Arbeit im Klassenzimmer immer mehr belastet. Immer mehr Lehrkräfte kommen deshalb zu der Einsicht: Das ist nicht mehr der Beruf, für den ich mich einmal entschieden habe. Denn niemand konnte seinerzeit voraussagen, dass sich die Situation im Klassenzimmer einmal so entwickeln würde. In dieser Situation bleibt uns nur die Alternative, vor den immer schwierigeren Parametern unserer Arbeit zu resignieren oder diese als Ausdruck einer professionellen Herausforderung anzunehmen. Auch hier gilt, was Laotse über das Lernen sagt, was wir aber getrost auf die eigene Situation übertragen dürfen: Wer resigniert – der treibt unweigerlich zurück. Wer es aber mit der Strömung aufnimmt – nur der kommt wirklich voran.

Lauter Störfälle

Claudia Mucke-Wiegand (46), *Lehrerin an einer Sekundarschule*

Eigentlich ist meine neue 8c eine ganz normale Klasse. Jedenfalls hatte ich bis jetzt diesen Eindruck. Seit dem gestrigen Elternsprechabend aber stellt sich die Situation der Klasse erheblich komplizierter dar. Seit gestern weiß ich nämlich, dass Verena unter Dyskalkulie leidet, dass Akim mit einer Wahrnehmungs-

störung zu kämpfen hat, dass bei Tobias eine Lese-Rechtschreib-Schwäche festgestellt wurde und dass Charlotte derzeit auf eine mögliche Hochbegabung getestet wird. Solche Störfälle belasten den Unterrichtsbetrieb, weil jeder betroffene Schüler Anspruch auf eine Sonderbehandlung hat und weil ich die anderen deswegen nicht vernachlässigen darf. Dazu kommen die Schüler, die durch psychische Probleme belastet sind und von deren Nöten ich ebenfalls erst seit gestern weiß: Kevin und Sascha leiden unter ADHS und müssen während der Zeit ihrer Ritalin-Umstellung besonders geschont werden. Madeleine muss auch im Hochsommer lange Ärmel tragen, weil sie sich regelmäßig die Unterarme aufritzt. Und Anna hat mit großen Wissenslücken zu kämpfen, weil sie wegen ihrer Magersucht immer wieder stationär behandelt wird. Sie alle dürften vom Unterricht nicht viel mitbekommen, weil ihre Konzentration und Aufmerksamkeit immer wieder von psychischen Belastungen überlagert werden.

Mir tun die betroffenen Kinder genauso leid wie ihre Eltern. Denn durch solche Einschränkungen ist die Zeit des Heranwachsens zusätzlich belastet. Darüber hinaus fühle ich mich durch die Situation in meiner Klasse heillos überfordert. So fehlt mir die diagnostische Kompetenz, um mir selbst ein Bild vom Ausmaß der Störungen und Belastungen zu machen. Schließlich habe ich nirgendwo gelernt, woran man eine Rechenschwäche, eine Wahrnehmungsstörung oder ein Aufmerksamkeits-Defizit-Hyperaktivitäts-Syndrom erkennt. Deshalb bin ich hier auf die Aussagen der Eltern oder auf die Atteste irgendwelcher Kinderärzte angewiesen. Außerdem hat mir niemand gezeigt, wie ich den beeinträchtigten Kindern gerecht werden kann oder welche Förderung sie im Einzelfall benötigen. Denn den Betroffenen ist nicht gedient, wenn ich sie wie alle anderen behandele. Ich bin völlig ratlos, wie ich angesichts überfüllter Klassen, vollgestopfter Lehrpläne und beengter Verhältnisse die individuelle Förderung dieser Schüler organisieren soll. Für solche Störfälle ist der Unterricht an einer Regelschule nun einmal nicht ausgelegt.

Wahrscheinlich wäre es klüger gewesen, mich gleich zur Sonderschullehrerin ausbilden zu lassen. Dann hätte ich gelernt, wie man mit solchen Schülern umzugehen hat, und ich könnte mein Wissen heute in überschaubaren Lerngruppen und mit professioneller Unterstützung anwenden. Ohne entsprechende Rahmenbedingungen aber gehe ich allmählich vor die Hunde – so wie die betroffenen Schüler auch.

Den Klagen der überforderten Kollegin dürften sich inzwischen die meisten Lehrkräfte anschließen. Schließlich haben wir es zunehmend mit Schülern zu tun, die von der Norm abweichen und die wir deshalb besonders rücksichtsvoll zu behandeln haben. Weil sich aber jeder Einzelfall ganz unterschiedlich darstellt, sollte man

nicht pauschal von beeinträchtigten Schülern sprechen – sondern sich deren Einschränkungen jeweils ganz genau ansehen. So haben wir es mit Schülern zu tun,

- → die unter einer **Teilleistungsstörung** leiden und die deshalb Probleme damit haben, die an sie gestellten Erwartungen zu erfüllen. Das gilt für alle Schüler, bei denen Alexie, Legasthenie, Dyskalkulie oder eine Lese- und Rechtschreibschwäche festgestellt wurden.
- → deren **Leistungsvermögen deutlich über den Durchschnittswerten** ihrer Mitschüler liegt. Dazu zählen die Hochbegabten ebenso wie junge Menschen mit einer Spezialbegabung in Sport, Musik oder Kunst.
- → die durch **angeborene Verhaltensprobleme** belastet sind und deshalb in besonderem Maße unter Druck stehen. In diese Kategorie gehören alle Schüler, die unter AD(H)S leiden, aber z. B. auch Kinder mit Asperger- oder Tourette-Syndrom.
- → die unter einer **psychischen Beeinträchtigung** leiden und deshalb den Verpflichtungen von Schule und Unterricht nur bedingt nachkommen können. Davon betroffen sind Jugendliche mit einer Angst- oder Essstörung sowie alle Schüler, die sich selbst verletzen oder suizidgefährdet sind.

Schon diese Übersicht macht deutlich, dass es sich hier nicht nur um „Störfälle" handelt, die die Atmosphäre im Klassenzimmer beeinträchtigen oder zulasten der schulischen Leistungsanforderungen gehen. So gelten von Anorexie bedrohte Mädchen als besonders ehrgeizig, kann sich ein Aufmerksamkeits-Defizit-Syndrom auch in einem auffallend angepassten Verhalten niederschlagen. Darüber hinaus sind **einzelne Störungen höchst umstritten**, weil sie für viele Wissenschaftler keine wirklichen Leiden darstellen. So soll der Entdecker des Aufmerksamkeits-Defizit-Hyperaktivität-Syndroms kurz vor seinem Tod die Existenz einer solchen Störung selbst angezweifelt haben. Und auch die Legasthenie gilt vielen Wissenschaftlern als ein bloßes Konstrukt, das nicht wie eine Krankheit behandelt werden dürfe. Als weiterer Akteur bringt sich außerdem die Pharma-Industrie ins Spiel: Sie hat ein erkennbares Interesse daran, immer neue Störungen zu generieren, um damit zusätzliche Absatzmärkte für die in ihren Labors entwickelten Medikamente zu erschließen. Solche **„erfundenen Krankheiten"** bedienen das Interesse besorgter Eltern, die über die abweichenden Verhaltensweisen ihrer Kinder unglücklich sind. Sie können diese jetzt einem vermeintlichen Leiden zuordnen und sich Hoffnungen auf eine medikamentös unterstützte Heilung machen – wenn ihren Kindern z. B. eine Sozialphobie oder das „Sissi-Syndrom" attestiert wird.

Ein relativ einheitliches Bild ergibt sich, wenn es um die Verbreitung der hier erwähnten Störungen geht: So geht man übereinstimmend davon aus, dass bis zu 7 % unserer Schüler unter Legasthenie und bis zu 6 % unter Dyskalkulie leiden[10] und dass jeder fünfte junge Mensch psychische Auffälligkeiten zeigt[11]. Insofern bedeuten die Beobachtungen der verzweifelten Lehrerin keine Panikmache; vielmehr bilden sie den statistischen Befund der Fachwissenschaftler einigermaßen realistisch ab.

Frau Mucke-Wiegand hat Recht, wenn sie eine **deutliche Zunahme solcher Störfälle im Klassenzimmer** vermutet. Sie wird aber zugeben müssen, dass der Anstieg der Fallzahlen ganz **unterschiedliche Gründe** haben kann. So hat die von ihr beobachtete Zunahme der Teilleistungsstörungen und psychischen Beeinträchtigungen sicherlich auch damit zu tun, dass

- die Öffentlichkeit heute besser als früher über solche Beeinträchtigungen im Kinder- und Jugendalter informiert ist. Noch vor 50 Jahren hätte wohl kaum jemand sagen können, was unter einer Anorexia Nervosa oder unter einer Posttraumatischen Belastungsstörung zu verstehen ist.
- Eltern und Lehrkräfte die Schüler sensibler wahrnehmen und die beschriebenen Störungen sorgfältiger registrieren. So hätte ein Schüler früher nicht als krank gegolten, nur weil er häufig niedergeschlagen wirkt, weil er dem Unterricht auffallend oft fernbleibt oder weil er zu ruckartigen Kopfbewegungen neigt.
- Schülern mit neurologischen Beeinträchtigungen ein Nachteilsausgleich gewährt wird, damit sie bei Klassenarbeiten ihren Mitschülern gleichgestellt sind. Deshalb müssen diese Schüler nicht damit rechnen, wegen ihres Handicaps abgeschult zu werden und die Schule verlassen zu müssen.
- die jungen Leute heute erheblich mehr unter Druck stehen als die Schülergenerationen vor ihnen. Viele neurologische und psychische Beeinträchtigungen brechen erst in Stress-Situationen auf – und diese sind an vielen Schulen längst zum pädagogischen Regelfall geworden.

Frau Mucke-Wiegand sollte sich durch die Störmeldungen der Eltern nicht nervös machen lassen. Sie gibt ja selber zu, dass sie die 8c zunächst als eine ganz normale Klasse erlebt hat. Und an diesem Eindruck können auch die nachgetragenen Informationen der Eltern nichts ändern. **Entscheidend für die Atmosphäre im Klassenzimmer sind** schließlich nicht die Atteste der Fachärzte oder die Warnhinweise der Beipackzettel – sondern **die konkret gezeigten Verhaltensweisen der Schüler**. Und diese zeigen sich oft leistungsstärker und psychisch stabiler als es die panikartigen Empfehlungen ihrer Eltern vermuten lassen. Außerdem sollte die aufgebrachte Kollegin ihre Schüler davor schützen, sich auf ein bestimmtes Handicap reduzieren und durch ein entsprechendes Etikett stigmatisieren zu lassen. Sie sollte stattdessen an ihrer Praxis festhalten, hinter dem Legastheniker, dem Hyperaktiven oder dem Traumatisierten immer eine **individuelle Persönlichkeit** zu sehen, **deren vielfältige Stärken oft die einseitige Fixierung auf ein bestimmtes Handicap überlagern**.

Außerdem wäre uns Lehrern geholfen, wenn wir nicht auf die Informationen anderer angewiesen wären, sondern uns selber das notwendige Wissen aneignen könnten. Hier holt uns der Tatbestand ein, dass wir **im Rahmen unserer Ausbildung nur unzureichend über Teilleistungsstörungen und psychische Beeinträchtigungen aufgeklärt** wurden. Deshalb fällt es uns schwer, solche Verhaltensweisen in unseren Klassen benennen, einordnen und diagnostizieren zu können. Und noch viel schwerer fällt es uns, in der Diskussion über den Umgang mit Legasthenikern oder über die Einnahme von Ritalin überhaupt Position zu beziehen. Wir erleben immer wieder, dass uns hier die fachlichen Kenntnisse abgehen und wir deshalb **entsprechend hilflos agieren.**

Tipp

So wie Frau Mucke-Wiegand scheitern viele Kollegen an ihrem unzureichenden Fachwissen, wenn es um Schüler mit solchen Beeinträchtigungen geht. Regen Sie deshalb an, dass jeder pädagogischen Konferenz Ihrer Schule ein **Info-Fenster** vorgeschaltet wird: Hier informieren jeweils ein Facharzt, eine Psychologin oder ein Lernberater über Kinder, die mit einem solchen Handicap aufwachsen und die deshalb auf unsere Rücksichtnahme und Förderung angewiesen sind. Eine solche Überblicksinformation dauert nicht länger als eine halbe Stunde – und doch fällt für uns Lehrkräfte dabei viel mehr ab als bei der Verkündigung amtlicher Bekanntmachungen, die vielerorts immer noch den Konferenzverlauf bestimmt.

Wie Frau Mucke-Wiegand fühlen sich viele Lehrkräfte durch die Häufung von Problemfällen überfordert. Sie alle sollten es nicht bei solchen Klagen belassen, sondern sich **nach geeigneten Handlungsalternativen umsehen.** So bietet es sich an,

- ➔ die Schüler einer Klasse einmal im Halbjahr zum **Durchgang** einzuladen: Hier können im Vier-Augen-Gespräch alle Probleme benannt werden, die die schulische oder familiäre Situation einzelner Schüler belasten und von denen die Klassenlehrerin unbedingt wissen sollte.
- ➔ zu Beginn des Schuljahres jeweils eine **Übergabekonferenz** durchzuführen, bei der sich die neuen Lehrkräfte von ihren Vorgängern über die Stärken und Handicaps einzelner Schüler sowie über das Lern- und Verhaltensprofil der Klasse informieren lassen.
- ➔ regelmäßig ein **Netzwerktreffen** einzuberufen, zu dem auch der Amtsarzt, die Schulpsychologin, die Familienhelferin oder der Quartiersmanager eingeladen werden und bei denen sich diese mit den Lehrkräften der Schule austauschen.

- an einem **Gatekeeper-Training** teilzunehmen. Hier können wir Lehrkräfte lernen, wie man Auffälligkeiten im Schülerverhalten erkennt und den Kontakt zu den entsprechenden Fachdiensten herstellt – ohne uns selber solche diagnostischen und therapeutischen Kompetenzen anzumaßen.

Solche Beispiele zeigen, dass wir Lehrkräfte **uns immer nur als Vermittler verstehen sollten.** Um unsere Professionalität unter Beweis zu stellen, sollten wir uns nicht als fachliche Autoritäten aufspielen, sondern jeweils den Fachleuten den Vortritt lassen. Solche Formen der Zusammenarbeit lassen sich sehr gut mithilfe einer **Fallkonferenz** institutionalisieren – dazu finden Sie im folgenden Abschnitt nähere Informationen.

Wie ein Austausch auf Augenhöhe gelingt: Eine Fallkonferenz mit allen Beteiligten

Probleme lassen sich nicht durch einsame Entscheidungen lösen, sondern nur durch die Einbindung aller Beteiligten regeln. Dieser Grundsatz hat sich im sozialen Leben längst durchgesetzt. Hier setzen sich die unmittelbar Beteiligten mit den für ihren Fall Zuständigen zusammen, um die jeweils beste Lösung zu finden. Deshalb ist in solchen Fallkonferenzen ein Austausch auf Augenhöhe gewährleistet. Bewährt haben sich diese **nach dem Vorbild des runden Tischs organisierten Gespräche** z.B., wenn ein Patient das Krankenhaus als Pflegefall verlässt oder wenn das Sorgerecht von beiden Elternteilen gemeinsam wahrgenommen werden soll.

Das Prinzip der Fallkonferenz lässt sich aber auch auf die Schule übertragen – vor allem, wenn es um Schüler mit besonderen Beeinträchtigungen geht. So könnte eine **Konferenz unter Einschluss aller Beteiligten** bspw. sinnvoll sein,

- wenn einem Schüler eine **Lese- und Rechtschreibschwäche** attestiert wurde und wenn die Eltern Anspruch auf einen Nachteilsausgleich und auf eine gezielte Förderung ihres Kindes erheben.
- wenn ein **stotterndes Kind** von einer Sondereinrichtung auf eine Regelschule wechselt und wenn seine neuen Lehrkräfte und Mitschüler darauf entsprechend vorbereitet werden sollen.
- wenn einem Schüler ein **Aufmerksamkeits-Defizit-Hyperaktivitäts-Syndrom** attestiert wurde und darauf bei der Unterrichtsgestaltung entsprechend Rücksicht genommen werden muss.
- wenn eine Schülerin nach einem längeren Aufenthalt in der **Kinder- und Jugendpsychiatrie** wieder an die Schule zurückkehren und in ihrer alten Klasse Fuß fassen möchte.

Einberufen wird die Fallkonferenz **von der Schulleitung**. Sie ist es auch, die über den Kreis der Einzuladenden entscheidet, die die Konferenzleitung übernimmt und die Umsetzung der hier verabredeten Maßnahmen überwacht. Darüber hinaus wird die zuständige Klassenlehrerin mit der Führung des **Protokolls** beauftragt. Im Mittelpunkt der Konferenz stehen alle Maßnahmen, die für die schulische Integration der betroffenen Kinder und Jugendlichen notwendig sind. Im Einzelnen geht es also um Fragen der Anwesenheitspflicht, des nachzuholenden Lernstoffs, der Leistungsnachweise oder der individuellen Förderung – so wie im Fall einer Schülerin, die unter einer schweren psychischen Erkrankung leidet:

Protokoll zur Fallkonferenz

Die 13-jährige Majda stammt aus Syrien und lebt seit zwei Jahren in Deutschland. Sie gehört zum Kontingent der Kriegsflüchtlinge, zu deren Aufnahme sich die Bundesrepublik verpflichtet hat. Den Lehrkräften fällt an Majda auf, dass sie auf überraschende Situationen äußerst ängstlich, ja panisch reagiert. Inzwischen wurde bei ihr eine Posttraumatische Belastungsstörung festgestellt.

Auf Wunsch der Schule kommen Majda, ihre Mutter, ihr Klassenlehrer, ein Kinder- und Jugendpsychiater, die Vertreterin der Familienhilfe sowie eine Dolmetscherin zu einer Fallkonferenz zusammen. In diesem Rahmen einigt man sich auf ein ganzes Bündel von Maßnahmen, um die Belastungen für die 13-Jährige so gering wie möglich zu halten:

Schulische Pflichten und Auflagen	Majda bemüht sich, regelmäßig am Unterricht teilzunehmen. An Tagen, an denen sie sich dazu nicht in der Lage sieht, wird die Schule rechtzeitig benachrichtigt. Ist ein Feueralarm geplant, ist die Schülerin grundsätzlich vom Unterricht befreit. Ihr wird eine Schülerin der 10. Klasse als Tutorin zur Seite gestellt, mit der sie ein Vertrauensverhältnis aufbauen und den versäumten Stoff gemeinsam nachholen kann.
Integration in den Klassenverband	Aus Rücksicht auf Majda werden in der Klasse feste Tischgruppen eingerichtet, zwischen denen auch aus methodischen Gründen ein Wechsel nicht möglich ist. Majda wird mit ihrer besten Freundin eine Lernpatenschaft eingehen (auch für die Hausaufgaben).

	Ihre Mitschüler werden von der Schulsozialpädagogin in sensibler Form darüber unterrichtet, dass Majdas persönliche Situation besondere Rücksichten erfordert.
Außerunterrichtliche Aktivitäten	Majda wird an den Wandertagen, Exkursionen und Projektwochen ihrer Klasse teilnehmen. Das Ziel der Klassenfahrt am Ende des Schuljahres wird mit Rücksicht auf Majdas besondere Situation ausgesucht. Dennoch ist es ihr freigestellt, ob sie daran teilnehmen möchte. Die Schülerin wird zusammen mit der Schulpsychologin klären, an welchen weiteren Aktivitäten des Schullebens sie sich beteiligen möchte.
Therapeutische Angebote	Majda wird die begonnene Therapie in ambulanter Form fortsetzen. Die therapeutischen Fortschritte müssen Vorrang vor allen schulischen Anforderungen haben. Majdas Mutter wird sich einer Elterngruppe anschließen, in der sie sich mit den Familienangehörigen anderer belasteter Flüchtlingskinder austauschen kann.
Vernetzung der Beteiligten	Die Teilnehmer der Fallkonferenz verabreden einen Austausch ihrer Kontaktdaten und für den Notfall eine unbürokratische Rückmeldung. Zu Beginn der nächsten pädagogischen Konferenz werden die Lehrkräfte im Rahmen eines Info-Fensters über die Erscheinungsformen und die Behandlungsmöglichkeiten einer Posttraumatischen Belastungsstörung informiert. In einer zeitnah einzuberufenden Klassenkonferenz werden Majdas Lehrer über ihre Erkrankung und die Ergebnisse der Fallkonferenz unterrichtet. Die Fallkonferenz wird in einem halben Jahr wieder zusammentreten, um über das weitere Vorgehen zu beraten.

Natürlich lassen sich die Probleme von Frau Mucke-Wiegand nicht allein mit solchen Fallkonferenzen lösen. Aber es wird sichtbar, dass **die Schule** auf die Nöte der ihr anvertrauten Schüler nicht nur mit einem Schulterzucken reagieren darf, sondern **die einzelnen Lehrer** in diesen Fällen **kollegial unterstützen** muss. Je weniger Frau Mucke-Wiegand diese Beeinträchtigungen als bloße Störfälle abtut und je mehr sie sich auf die betroffenen Schüler und ihre Geschichten einlässt – umso differenzierter gerät ihr Blick auf die neurologische und psychische Befindlichkeit junger Menschen. Und erst eine solche Differenzierung lässt die Schule professionell und pädagogisch angemessen reagieren.

Schüler im Tiefenrausch

Dr. Knud Wächtersbach (41), *Lehrer an einem Gymnasium*

Seit vielen Jahren wird uns versprochen, die Lehrpläne zu entrümpeln und sie von unnötigem Ballast zu befreien. Dabei geschieht das genaue Gegenteil: Seit PISA werden uns Lehrern immer neue Anforderungen aufgedrückt, damit sich die Leistungen unserer Schüler endlich mit denen anderer Länder messen können. Immer mehr, immer schneller, immer besser: Das ist inzwischen zum alleinigen Maßstab des schulischen Lernens geworden. An uns Lehrern liegt es jetzt, aus jedem Schüler einen kleinen Einstein zu machen. Denn die Politik will sich mit Spitzenintelligenz aus Deutschland schmücken.

Das Problem ist nur, dass unsere Schüler da nicht mitziehen: Sie sind nun einmal nicht aus dem Stoff, aus dem sich Wunderkinder klonen lassen. Mit ihrer dürftigen Allgemeinbildung, ihrer geringen Auffassungsgabe und ihrer unterentwickelten Leistungsbereitschaft fühlen sie sich von den Vorgaben des Lehrplans permanent überfordert. Ihr Wissen und ihre Motivation reichen gerade einmal aus, um mit Ach und Krach das Klassenziel zu erreichen – und oft schaffen sie nicht einmal das. Da habe ich es mit Neuntklässern zu tun, die vor der Addition von Brüchen kapitulieren. Und da treffe ich auf Schüler, die sich über die Winkelsumme im Dreieck erst bei Wikipedia schlaumachen müssen. Dieser Spagat zwischen den Anforderungen des Lehrplans und dem tatsächlichen Leistungsstand der Schüler ist einfach unerträglich. Mehr noch – die Schüler manövrieren sich dadurch in einen regelrechten Teufelskreis: Weil sie dem Unterricht kaum noch folgen können, vertreiben sie sich die Zeit mit immer neuen Nebenbeschäftigungen. Dadurch bekommen sie noch viel weniger mit, was sie dann erst recht auf dumme Gedanken bringt. Meine Schüler befinden sich inzwischen in einem Tiefenrausch, der ihre Leistungen immer weiter absinken lässt und sie in einen Sog immer neuer Misserfolge hineinzieht. Zwar hat sich die Schule inzwischen einiges ausgedacht, um den Schülern solche Enttäuschungen zu ersparen. So können sie jeweils eine Klassenarbeit durch eine mündliche Prüfung ersetzen, ein ungeliebtes Fach leichter abwählen oder sogar auf Probe in die nächste Klasse vorrücken. Das ändert aber nichts daran, dass die Atmosphäre im Klassenzimmer durch die vielen Misserfolgserlebnisse vergiftet ist und dass der Defätismus der Schüler inzwischen auf mich übergegriffen hat. Deshalb häufen sich mittlerweile die Tage, an denen ich den Griffel am liebsten hinschmeißen würde.

Trotz seiner pointierten Wortwahl hat Herr Wächtersbach in vielem Recht. Er irrt allerdings, wenn er seinen Schülern **pauschal Defizite im Grundwissen, in der Auffassungsgabe und in der Motivation** bescheinigt. Jedenfalls hat sich dieser Befund **durch wissenschaftliche Studien nicht bestätigen** lassen. Auch frühere Schülergenerationen hatten mit ähnlichen Defiziten zu kämpfen. So dürften die Pennäler aus der „Feuerzangenbowle“ nicht intelligenter, lernwilliger oder gebildeter gewesen sein als die Schüler, die den Kollegen Wächtersbach heute zur Weißglut bringen. Mit einer allgemeinen Schülerschelte wird man dem Problem also offensichtlich nicht gerecht.

Ins Schwarze trifft der verzweifelte Gymnasiallehrer allerdings mit seiner Kritik an den geltenden Lehrplänen: Hier wurden uns Lehrern immer neue Inhalte aufgedrückt, ohne dass man überflüssige oder veraltete Themen entsprechend entsorgt hätte. Der **Umfang der Lehrpläne wird deshalb der Praxis des Unterrichts schon lange nicht mehr gerecht.** Und viele Kollegen können sich dem von oben verordneten Stoffdruck nur durch den Mut zur Lücke entziehen. Die beschriebene Überfrachtung der Lehrpläne wird durch die zunehmende **Harmonisierung des Bildungswesens** noch weiter verstärkt. Durch die Einführung zentraler Abschlussprüfungen und die Einführung einheitlicher Bildungsstandards könnte sich der uns unterstellte **Mut zur Lücke** bald als Bumerang erweisen. An den Gymnasien kommt durch G8 erschwerend dazu, dass die verordnete Stoffmenge in nur acht Jahren abgewickelt werden muss. Lehrer wie Herr Dr. Wächtersbach leiden darunter, dass das **zu einer größeren Oberflächlichkeit geführt** hat und dass das Gelernte wegen des verordneten Zeitdrucks nicht ausreichend wiederholt, geübt oder trainiert werden kann. Da ist es für die betroffenen Lehrer wohl nur ein kleiner Trost, dass immer mehr Gymnasien inzwischen zum G9 zurückgekehrt sind.

Allerdings hat man an den Schulen mittlerweile anerkannt, dass der Spagat zwischen den Anforderungen der Lehrpläne und dem tatsächlichen Leistungsvermögen der Schüler die **Situation im Klassenzimmer ganz erheblich belastet.** Und auch die Politik hat inzwischen eingesehen, dass man Schüler mit Leistungsproblemen nicht einfach abschulen kann – weil sich dadurch der drohende Fachkräftemangel noch weiter verschärfen würde und weil damit ein großes Begabungspotenzial veräußert würde. Deswegen ist man bemüht, Schülern mit Leistungsproblemen gezielt zu helfen statt sich ihrer einfach nur zu entledigen. So nehmen versetzungsgefährdete Schüler in einzelnen Bundesländern an **Motivationsseminaren** teil, damit ihnen die undankbare Praxis eines Wiederholungsjahres erspart bleibt. Und andernorts werden **Lernwerkstätten** angeboten, in denen die jungen Leute die versäumten Lektionen vergangener Schuljahre nachholen und auffrischen können.

Herr Wächtersbach wird sich nicht damit trösten wollen, dass man die Leistungsprobleme der Schüler in anderen Bundesländern bereits erkannt hat und dass man ihnen hier etwas entgegensetzt. Ihm wäre nur mit konkreten Beispielen, Modellen oder Projekten geholfen, die sich auch an seiner Schule direkt umsetzen lassen und die nicht erst auf eine administrative Salbung aus dem Kultusministerium angewiesen sind. Vielleicht würde es dem genervten Gymnasiallehrer schon reichen, wenn sich seine **Fachkonferenz auf einen Mindestkatalog von Lerninhalten verständigen** könnte, die im Unterricht eingeführt und regelmäßig wiederholt werden – sodass schließlich jeder Schüler über einen solchen Grundbestand an Kenntnissen und Fertigkeiten verfügt.

Tipp

Überlegen Sie gemeinsam mit Ihren Fachkollegen, welche Begriffe, Inhalte und Methoden für ein Weiterkommen in Ihrem Fach absolut unverzichtbar sind. Diese fachdidaktisch fundierten „basics“ gehen dann in ein **Kerncurriculum** ein, auf das die Schüler für die gesamte Dauer ihrer Schulzeit zurückgreifen können. Dieser Minimalkatalog des fachlichen Lernens sollte den Schülern jeweils in gedruckter Form vorliegen, sodass sich diese das Versäumte und Vergessene immer wieder vornehmen können, wenn sie den Anschluss an den Wissensstand der Klasse nicht ganz verlieren wollen.

Niemand kann von uns Lehrkräften verlangen, den Widerspruch zwischen dem hochtrabenden Anspruch der Lehrpläne und dem dürftigen Kenntnisstand unserer Schüler aus eigener Kraft aufzulösen. Schließlich befindet sich hier vor allem die **Schule in einer gewissen Bringschuld**: Sie hat strukturelle Vorkehrungen zu treffen und passgenaue Angebote bereitzuhalten, um ein weiteres Absinken der Schüler zu verhindern. Auch das Gymnasium wird sich auf Dauer nicht dahingehend herausreden können, dass man es hier mit einer deplatzierten und deshalb überforderten Schülerklientel zu tun habe. Deshalb sollten wir Lehrer von der Schule verlangen, die **Förderung leistungsschwacher Schüler** zu ihrer **Kernaufgabe** zu machen und dafür die **notwendigen Ressourcen bereitzustellen**. So müssen wir Lehrer Gelegenheit bekommen, uns in der individuellen Förderung solcher Schüler fortzubilden. So sollten aber auch im Rahmen der Unterrichtsplanung entsprechende Förderangebote ausgewiesen werden.

Schülern mit offenkundigen Leistungsproblemen wäre schon geholfen, wenn

- → an ihrer Schule ein **internes Mentorenprogramm** durchgeführt würde. Hier helfen Schüler der höheren Klassen jüngeren Mitschülern, die zum Leistungsstand ihrer Klasse aufschließen wollen.
- → sie in den Ferien ein **Lerncamp** besuchen könnten, bei dem ihnen in ihren Problemfächern geholfen würde und bei dem sie neue Lern- und Arbeitsmethoden kennenlernen könnten.
- → sich die Schülerbücherei zu einem **Selbstlernzentrum** ausbauen ließe. In einer solchen Einrichtung kann ein umfangreiches Angebot an geeigneter Lernsoftware abgerufen werden.
- → in den Stundentafeln der Kernfächer jeweils eigene **Intensivierungsstunden** ausgewiesen würden, damit die Schüler in kleinen Gruppen den aktuellen Lernstoff einüben und vertiefen können.
- → der Fachunterricht in zwei Klassen zusammengelegt würde, um die Schüler nach ihren Stärken und Schwächen aufzuteilen und sie nach dem Vorbild des **Modulunterrichts** passgenau zu fördern.

Darüber hinaus ließe sich mit einem **individuellen Förderplan** regeln, mit welchen Unterstützungsangeboten dem einzelnen Schüler am besten geholfen werden kann. Dazu erfahren Sie im folgenden Abschnitt mehr.

Ein Ausweg aus der Leistungsfalle: Schülern mit einem Förderplan gezielt helfen

Dass Schüler mit Leistungsproblemen besonders gefördert werden müssen, ist inzwischen allgemein anerkannt. Dass diese **Förderung** aber **jeweils auf die individuellen Stärken und Schwächen eines Schülers abgestimmt** werden muss – das haben noch längst nicht alle Lehrer akzeptiert. So werden die Schüler immer wieder in irgendwelche Förderkurse gesteckt, die ihrem individuellen Leistungsprofil überhaupt nicht gerecht werden. Deshalb bedarf es eines besonderen Förderplans, in dem die individuellen Stärken und Schwächen eines Schülers festgehalten werden – und in dem zwischen den Beteiligten vereinbart wird, mit welchen

Maßnahmen ihm geholfen werden kann. Zunächst sollten solche Förderpläne für Schüler entwickelt werden, die

- → auf Probe vorgerückt und in ihren Problemfächern auf zusätzliche Unterstützung angewiesen sind.
- → aus einem anderen Bundesland zugezogen sind und in manchen Fächern viel nachzuholen haben.
- → nach einem längeren Krankenstand an die Schule zurückkehren und Anschluss an den Leistungsstand ihrer Klasse finden müssen.
- → besondere Probleme in einzelnen Fächern haben und das Klassenziel nur noch mithilfe gezielter Fördermaßnahmen erreichen können.

Der Förderplan entsteht an einem **runden Tisch**, zu dem der Klassenlehrer alle Beteiligten eingeladen hat. Das sind neben dem Schüler und seinen Eltern die betroffenen Fachlehrer und in vielen Fällen auch die Schulpsychologin oder der Beratungslehrer. Zunächst einmal wird geklärt, welche Defizite die schulische Situation eines Schülers belasten und welche fachlichen und persönlichen Stärken dem entgegenstehen. Dann wird gemeinsam beraten, welche schulischen und außerschulischen Fördermaßnahmen dem Schüler helfen könnten, sein Leistungstief zu überwinden. Solche Überlegungen münden in konkrete Vereinbarungen, die von den Beteiligten unterschrieben und **nach einer vereinbarten Frist evaluiert** werden. Hier zeigt sich dann, ob die ausgehandelten Schritte den erhofften Erfolg gebracht haben oder ob hier ggf. nachgebessert werden muss.

Im Fall des 15-jährigen Ismail könnte bspw. folgender Förderplan dazu beitragen, dass der Schüler wieder auf die Erfolgsspur zurückfindet:

Förderplan

für Ismail Fayat, 9b

Ausgangslage:
Mit seinen Leistungen in Mathematik und in den naturwissenschaftlichen Fächern kann Ismail durchaus zufrieden sein. Auch in den Fächern Deutsch und Englisch droht keine unmittelbare Gefahr. In Französisch hat er dagegen den Anschluss an den Leistungsstand seiner Klasse schon verloren. Das hat vor allem mit erheblichen Lücken im Wortschatz und mit seinen Problemen beim Vokabellernen zu tun. Kommt es hier zu keinem Umsteuern, ist sein Vorrücken in die nächste Jahrgangsstufe ernsthaft gefährdet.

Vorgesehene Maßnahmen:
Ismail wird von einem Schüler der Oberstufe als Mentor unterstützt. Mit ihm wird er gemeinsam seine Hausaufgaben erledigen und sich auf die Klassenarbeiten vorbereiten. Außerdem wird Ismail an einem Motivationsseminar teilnehmen, das die Schule für versetzungsgefährdete Schüler der 9. Jahrgangsstufe anbietet. Hier wird er Gelegenheit haben, sein Lern- und Arbeitsverhalten in den sprachlichen Fächern auf den Prüfstand zu stellen und sich mit einer neuen Technik des Vokabellernens vertraut zu machen.

Zeitrahmen:
Der Einsatz des Mentors sollte bereits während der Weihnachtsferien beginnen und mit dem Beginn der Osterferien auslaufen. Das Motivationsseminar „Gegensteuern" wird unmittelbar nach der Vergabe der Zwischenzeugnisse stattfinden.

Überprüfung:
Ismail wird sich jeweils am Ende eines Monats einem Vokabeltest unterziehen, den die Fachgruppe Französisch für alle Schüler der 8., 9. und 10. Klasse organisiert. Daran wird sich ablesen lassen, wie gut er bei der Verbesserung seines Leistungsstands vorangekommen ist. Er wird einen Lernvertrag mit sich selber abschließen und jeweils zusammen mit seinem Mentor überprüfen, ob dieser Vertrag auch eingehalten wird.

Ismail Fayat	Mustafa Fayat	Susanne Klobe
Schüler	*Vater*	*Klassenlehrerin*

Die Idee eines solchen Masterplans zur individuellen Förderung müsste auch Herrn Wächtersbach einleuchten. Der gestresste Gymnasiallehrer wird allerdings einzuwenden haben, dass es seiner Schule an den nötigen Ressourcen fehlt. Tatsächlich verfügen nicht alle Schulen über entsprechende Förderbausteine, um den Schülern hier ein maßgeschneidertes Angebot machen zu können. Außerdem sind im Stundenplan des Gymnasiallehrers keine Zeiten ausgewiesen, in denen sich solche Konferenzen einberufen und solche Förderpläne aushandeln ließen. Dabei verfügt jede Schule über ein **frei verfügbares Deputat von Sonderstunden**, die über die vorgeschriebene Anzahl der Regelstunden hinausgehen und **die sich gezielt zur Förderung leistungsschwacher Schüler einsetzen ließen**. Außerdem billigen viele Schulen ihren Klassenlehrern jeweils eine eigene Stunde zu, die diese für pädagogische Aufgaben in ihrer Klasse nutzen können. Solche **Tutorenstunden** bieten sich für die Entwicklung von Förderplänen an – damit auch die Schüler des Kollegen Wächtersbach nicht länger im Leistungstief verharren müssen.

Lernen ohne Herz und Hand

Hilde Böttches (51), *Lehrerin an einem Gymnasium*

„Wer nichts als Chemie versteht, versteht auch die nicht recht."[(12)] – Dieser viel zitierte Aphorismus Georg Christoph Lichtenbergs schmückt den Eingang zum Chemiesaal unserer Schule. Doch kaum ein Schüler scheint sich daran zu stören, dass der hier praktizierte Unterricht dieser pointierten Einsicht so überhaupt nicht gerecht wird. Im Gegenteil: Die Kollegen tragen ihren Teil dazu bei, dass der Blick der Schüler auf die Menschen und Sachen durch die Scheuklappen einer fachlichen Monokultur verengt wird. So findet zwischen all den Thermometern, Messkolben und Reagenzgläsern ein interdisziplinäres Lernen nicht einmal in Ansätzen statt. Wo der neugierige Blick auf andere Welten und Disziplinen immer neue Nahrung finden sollte, werden die Schüler zu seelenlosen Fachidioten abgerichtet.

Diese fachliche Selbstbeschränkung des Chemieunterrichts steht für eine Tendenz, die sich an unseren Schulen immer mehr durchsetzt: Seit der ersten PISA-Studie wird Lernen als ein nur kognitiver Vorgang begriffen, bleibt die emotionale, soziale, praktische oder musische Bildung zunehmend auf der Strecke. Statt eines Lernens mit Herz, Hirn und Hand geht es im Unterricht nur noch darum, die grauen Zellen zu aktivieren. Diese schleichende Verkopfung des Lernens hat inzwischen dazu geführt, dass es an unserer Schule keinen Werkraum mehr gibt, dass die Theatergruppe nur noch selten eine Aufführung zustande bringt und dass sich die Schüler außerhalb der Schule kaum noch zu einem ehrenamtlichen Engagement aufraffen können. „Cogito, ergo sum." – Dieses aufklärerische Credo Descartes ist inzwischen zu einer Chiffre für die kognitive Überfrachtung von Schule und Unterricht geworden.

Meine Entscheidung für den Lehrerberuf war seinerzeit maßgeblich durch das Bildungsideal Humboldts beeinflusst. In seiner Nachfolge sah auch ich mich dazu berufen, junge Menschen zu allseits gebildeten Persönlichkeiten heranzuziehen. Stattdessen sind unsere Schulen heute von ganzen Heerscharen willenloser Lernroboter bevölkert, die das ihnen vorgesetzte Wissen abspeichern und auf Knopfdruck wieder ausspucken. Sich mit seinen Gefühlen auseinanderzusetzen, anderen sensibel und respektvoll zu begegnen, sich lustvoll in ein Kunstwerk zu versenken, offen zu sein für Traum, Spiel und Zauber – damit sind diese pädagogischen Reißbrettgeburten allesamt überfordert. Dabei wird dem Primat des Kognitiven in dieser Ausschließlichkeit nur noch in der Schule gehuldigt. In der Arbeitswelt z. B. hat man den Wert sozialer oder musischer

Bildung schon lange erkannt. Hier weiß man, dass es gerade solche weichen Kompetenzen sind, die die Überlegenheit des Menschen gegenüber der Maschine begründen.

Als ich meinem Schulleiter von solchen Eindrücken und Beobachtungen berichtete, war das für ihn ein eher privates Problem. Deshalb gab er mir den guten Rat, doch lieber auf ein Musisches Gymnasium zu wechseln. Dort seien solche unverbesserlichen Bildungsnostalgiker wie ich doch viel besser aufgehoben. Ich aber möchte in kein Reservat abgeschoben werden, wo ich es nur mir abgehobenen Musensöhnen und kreuzbraven Pfarrerstöchtern zu tun habe. Da, wo das Leben tobt – da müsste auch Platz für emotionale, soziale, praktische oder kreative Erfahrungen sein.

Der von Frau Böttches zitierte Aphorismus bringt es auf den Punkt: Wer sich nur innerhalb der eigenen Fachgrenzen bewegt, wird auch hier irgendwann die Orientierung verlieren. Allerdings weisen die geltenden Lehrpläne längst über die tradierten Fachgrenzen hinaus. So werden hier jeweils Querverweise zu den Themen und Methoden anderer Fächer angeboten, wird die Durchführung interdisziplinärer Thementage oder Projektwochen ausdrücklich empfohlen. Allerdings wird an den Schulen unter großem Zeitdruck gearbeitet, sodass solche **fächerübergreifenden Vorhaben oft zugunsten prüfungsrelevanter Lerninhalte zurücktreten müssen.**

Und auch darin hat die enttäuschte Gymnasiallehrerin Recht: **Weiche Qualifikationen,** wie Sensibilität, Empathie oder Kreativität, werden in einer Informationsgesellschaft immer wichtiger. Deshalb fällt die Schule hinter ihren selbst gewählten Bildungsanspruch zurück, wenn sie ihren Schülern solche Lernerlebnisse vorenthält. Schließlich sind es gerade die weichen Kompetenzen, an denen die elektronische Intelligenz eines Computers notwendigerweise scheitern muss. Allerdings verkennt Frau Böttches, dass sich der **praktische Unterricht, das soziale Lernen oder die musische Bildung** immer schon gegen den Führungsanspruch einer **fachlich verengten Kopfpädagogik** verteidigen mussten – und das schon lange, bevor die erste PISA-Studie auf den Markt kam. Fächer wie Religion, Musik, Kunst oder Sport galten immer schon als zweitrangige Bildungsangebote, wenn nicht sogar als überflüssiger Zeitvertreib. Deshalb mussten sie im Konfliktfall dem Unterricht in Mathematik, Deutsch oder Englisch immer den Vortritt lassen. Da wurde die nächste Klassenarbeit in Latein stets höher gehängt als das bevorstehende Schulkonzert, da zählten gute Leistungen in Werken immer weniger als eine befriedigende Note in Physik. Und ohnehin hätte niemand daran gedacht, in der Persönlichkeitsentwicklung eine Querschnittsaufgabe aller Fächer zu sehen – wie das Frau Böttches offensichtlich für ihre Schule einfordert.

Welcher Stellenwert der emotionalen, sozialen, praktischen und musischen Bildung an einer Schule beigemessen wird – das muss immer wieder neu austariert werden. Wenn der Schulleiter der aufgebrachten Lehrerin den Wechsel an eine andere Schule empfiehlt, hat er das Prinzip der pädagogischen Ortung nicht verstanden. Seine Aufgabe wäre es nämlich, diesen Prozess zu moderieren und dafür zu sorgen, dass sich die Lehrerin mit ihren Überlegungen darin einbringen kann. In einem solchen ergebnisoffenen Diskurs käme man wahrscheinlich bald zu dem Ergebnis, dass sich jede Schule zwischen Pflicht und Kür zu positionieren hat und dass sie sich nicht in der pädagogischen Monokultur des Fachunterrichts einigeln sollte. Mehr noch als an der Praxis des Regelunterrichts lässt sich an den **Aktivitäten des Schullebens** ablesen, was das besondere pädagogische Selbstverständnis einer Schule ausmacht. Insofern könnten im Rahmen des Schullebens **Alternativen zur Kopflastigkeit des Fachunterrichts** entwickelt werden. Die von Frau Böttches eingeklagten Defizite ließen sich bspw. kompensieren, wenn

- ➔ die Schule **Wahlfächer und Arbeitsgemeinschaften** anbieten würde, die ganz im Zeichen des praktischen Lernens stehen. Hier könnten die Schüler lernen, wie man ein Fahrrad repariert oder einen Kräutergarten anlegt.
- ➔ die **Feste und Feiern** so konzipiert würden, dass hier auch Raum für emotionale Erfahrungen wäre. In diesem Sinne könnten zur Abschlussfeier auch jene Schüler eingeladen werden, die die Schule zwischenzeitlich verlassen mussten, deswegen aber nicht vergessen sind.
- ➔ die **Wandertage, Klassenfahrten und Exkursionen** zu einem wirklichen Gemeinschaftserlebnis und zu einem Labor des sozialen Lernens würden. So lassen sich bei einem gemeinsamen Segeltörn oder bei einem Wandertag mit behinderten Schülern neue soziale Erfahrungen machen.
- ➔ interessierte Schüler ihre künstlerischen Neigungen **im Chor, im Orchester, in der Big Band oder in der Theatergruppe** ausleben könnten. Hier können die Schüler ganz in die Faszination des musischen Lebens eintauchen – was ihnen im regulären Kunst- oder Musikunterricht meistens verwehrt bleibt.

Damit kann das Schulleben zum **Schaufenster eines unverwechselbaren pädagogischen Profils** werden. Was die ganz eigene Kultur einer Schule ausmacht – das teilt sich eben eher über besondere Einrichtungen, herausragende Veranstaltungen oder lieb gewordene Rituale mit als über den routinierten Vollzug des fachdidaktischen Pflichtprogramms.

Voraussetzung einer solchen Profilbildung ist freilich, dass dafür ein gemeinsamer Konsens gefunden wird und dass alle Gruppen daran beteiligt sind.
In diesem Sinne trägt es zur Konsensbildung bei, wenn

- ➔ die Schule die Höhepunkte eines Schuljahres gemeinsam bilanziert und diese in einem **Jahresbericht** dokumentiert.

- der Prozess der Schulentwicklung von einem **pädagogischen Beirat** unterstützt wird, dem ehemalige Kollegen oder externe Fachleute angehören.
- für die Schule ein einheitliches Erscheinungsbild, eine **Corporate Identity**, entwickelt wird, in dem sich ihr pädagogisches Selbstverständnis widerspiegelt.
- im Rahmen eines **Leitbilds** festgeschrieben wird, welche Grundsätze für die Gestaltung des Unterrichts und des Schullebens gelten sollen.
- ein **Schulprogramm** erarbeitet wird, in dem auf der Basis solcher Grundsätze detaillierte Zielvorgaben und konkrete Projekte vereinbart werden.

Damit die pädagogische Profilbildung nicht dem Zufall überlassen bleibt, bedarf es einer Vereinbarung über die leitenden Prinzipien der pädagogischen Arbeit, wie sie in einer **Schulverfassung** zum Ausdruck kommen. Wie eine solche Schulverfassung erarbeitet werden kann, wird im folgenden Abschnitt erläutert.

Identifikation durch Profilbildung: An einer Schulverfassung mitarbeiten

Es spricht für Frau Böttches, dass sie sich nicht an ein anderes Gymnasium abschieben lassen möchte. Offensichtlich hat sie die Hoffnung noch nicht ganz aufgegeben, die pädagogische Praxis ihrer Schule zu verändern und der von ihr beklagten Verkopfung des Lernens etwas entgegenzusetzen. Dabei kommt Frau Böttches zugute, dass immer mehr Schulen über ihr pädagogisches Selbstverständnis nachdenken. Sie wollen keine Allerweltsschulen mehr sein, an denen lediglich die Vorgaben des Lehrplans erfüllt und die kultusministeriellen Auflagen befolgt werden. Mit solchen unambitionierten Bildungseinrichtungen wird sich niemand identifizieren wollen; hier wird sich niemand wirklich wohlfühlen können. Deshalb haben sich viele Schulen im Rahmen eines Leitbilds oder eines Schulprogramms auf einen Text geeinigt, in dem solche Besonderheiten festgehalten werden.

Auch in der **Schulverfassung** ist ausformuliert, was die Schule von anderen Schulen unterscheidet und wodurch sich Schüler, Eltern und Lehrer in besonderem Maße mit dieser Einrichtung verbunden fühlen. Eine Schulverfassung will mehr sein als eine möglichst unverbindliche Umschreibung pädagogischer Allgemeinplätze. Sie stellt eine **Selbstverpflichtung** dar, mit der sich **alle Beteiligten** dazu bekennen, einen aktiven Beitrag zur Ausgestaltung der Schulkultur zu leisten.
Deshalb ist die Schulverfassung auch kein für alle Zeiten in Stein gemeißeltes Dokument. Sie erfüllt ihre Funktion nur dann, wenn sie **regelmäßig evaluiert und fortgeschrieben** wird. So können jüngere Erfahrungen, aktuelle Problemlagen oder neue Herausforderungen jeweils Eingang in die Schulverfassung finden.

Die Arbeit an der Schulverfassung ist deshalb ein Prozess, der niemals abgeschlossen ist.

Bis ein solcher Text von allen Beteiligten unterschrieben werden kann, sind entsprechende **Vorarbeiten** zu leisten. Dazu wird eine **Redaktionskonferenz** gebildet, die einen ersten Textvorschlag erarbeitet. Hier sollten jeweils

- die Schulleitung
- das Lehrerkollegium
- die Schülervertretung
- der Elternbeirat
- das nicht pädagogische Personal
- der Schulträger
- der Förderverein

angemessen vertreten sein. Wie bei jedem anderen Projekt der Schulentwicklung sollte einem solchen Textentwurf jeweils eine **Befragung** vorausgehen. Hier können die Beteiligten Auskunft geben, was die eigene Schule von anderen signifikant unterscheidet und durch welche pädagogische Kultur sie sich ihrer Schule verbunden fühlen. Gefragt wird im Rahmen einer solchen Erhebung auch, wie Programm und Angebot der Schule weiterentwickelt werden können und wie die einzelnen Gruppen daran beteiligt werden sollten.
Auf dieser Basis kann ein **konsensfähiger Textentwurf** formuliert werden, über den dann die einzelnen Gremien beraten. Die Redaktionskonferenz ist darum bemüht, so viele Anregungen wie möglich in die Textvorlage zu übernehmen – und gleichzeitig ein Höchstmaß an Gemeinsamkeiten zu erzielen. Anschließend wird die Schulverfassung von den Beteiligten **unterschrieben** und für alle Schüler, Eltern und Lehrkräfte **vervielfältigt**.
Nach einer vereinbarten Frist wird dann überprüft, welche Selbstverpflichtungen den Praxistest bestanden haben, welche überarbeitet und welche neu in die Schulverfassung aufgenommen werden sollten.

Das folgende (fiktive) Beispiel zeigt, dass auch die Anliegen von Frau Böttches Eingang in einen solchen Text finden könnten:

Wege entstehen beim Gehen

Auszüge aus dem Leitbild des Adolf-Butenandt-Gymnasiums

Das Adolf-Butenandt-Gymnasium versteht sich als eine Schule, in der Vielfalt aktiv gelebt wird. Im Mittelpunkt unserer Arbeit stehen die unterschiedlichen Persönlichkeiten unserer Schüler, mit denen wir respektvoll umgehen und die wir engagiert fördern. Grundlage unserer pädagogischen Kultur ist deshalb ein respektvolles Miteinander aller Beteiligten.

Wir Schüler verpflichten uns,

- → auch solche Bildungsangebote wahrzunehmen, die keinen unmittelbaren Einfluss auf Noten und Zeugnisse haben.
- → unsere künstlerischen und sportlichen Anlagen nicht brachliegen zu lassen, sondern diese kontinuierlich weiterzuentwickeln.
- → uns aktiv in die Ausgestaltung des Schullebens einzubringen und am Veranstaltungsprogramm der Schule teilzunehmen.

Wir Eltern verpflichten uns,

- → im Rahmen unserer Möglichkeiten zur Entwicklung emotionaler, sozialer und künstlerischer Kompetenzen beizutragen.
- → die außerunterrichtlichen Aktivitäten durch Anteilnahme und Ermutigung zu fördern.
- → unsere Kinder bei der Inanspruchnahme externer Bildungsangebote zu unterstützen.

Wir Lehrer verpflichten uns,

- → unseren Schülern ein Lernen mit Herz, Hirn und Hand zu ermöglichen, um damit den unterschiedlichen Schülerpersönlichkeiten gerecht zu werden.
- → die Neugier und das Interesse unserer Schüler zu fördern und sie zu einem fächerübergreifenden Arbeiten anzuleiten.
- → in der Persönlichkeitsentwicklung einen Schwerpunkt unserer Arbeit zu sehen und dabei im Interesse der Schüler zusammenzuwirken.

Wir Mitglieder der Schulleitung verpflichten uns,

→ durch schulinterne Veranstaltungen zu einer stärkeren Gewichtung des extracurricularen Lernens beizutragen.

→ durch ein attraktives Wahlfachangebot die musischen Anlagen unserer Schüler angemessen zu fördern.

→ die organisatorischen Rahmenbedingungen für ein aktives Schulleben zu gewährleisten.

Wir Freunde und Förderer verpflichten uns,

→ finanziell schlechter gestellten Schülern die Teilnahme an Klassenfahrten und Exkursionen durch entsprechende Zuschüsse zu ermöglichen.

→ das musische Leben an unserer Schule durch die dafür notwendigen Projektmittel und Anschaffungen zu fördern.

→ den Kontakt zu außerschulischen Lernorten, Einrichtungen, Kooperationspartnern und Experten herzustellen.

Hilde Böttches weiß, dass Papier geduldig ist und dass die hehren Vorsätze einer solchen Schulverfassung in der Hektik des Unterrichtsalltags bald schon vergessen sind. Sie weiß aber auch: Was hier schwarz auf weiß niedergelegt ist, lässt sich immer wieder anmahnen, immer wieder einklagen. Darauf wird man sich berufen können, wenn es innerhalb des Kollegiums zu Konflikten kommt. Da kann es schon einmal vorkommen, dass die Fachlehrer rebellieren, wenn Frau Böttches für ihre 10. Klasse zur besten Prüfungszeit ein Seminar zur Persönlichkeitsentwicklung plant. Wenn dieselben Kollegen aber eine Selbstverpflichtung unterschrieben haben, wonach sie gerade darin einen Schwerpunkt ihrer Arbeit sehen, werden sie das geplante Seminar nicht länger boykottieren können. Und Frau Böttches ist energisch genug, um ihre uneinsichtigen Kollegen daran zu erinnern. Was in der Schulverfassung steht, ist nun einmal Gesetz. Und in diesem Fall ist das Gesetz aufseiten der engagierten Lehrerin.

Den Mangel verwalten

Michael Kohlmüller (35), *Lehrer an einer Oberschule*

Undichte Fenster, kaputte Heizungen, marode Möbel, verdreckte Toiletten – der äußere Zustand unserer Schule ist schon lange nicht mehr haltbar. Schimmelnde Wände, aufgeplatzte Rohre und herabhängende Leitungen bilden ein Ambiente der Unbehaustheit, das jeden Arbeitstag zur Qual werden lässt. Kein Schüler und erst recht kein Lehrer würde in einem solchen Umfeld wohnen wollen. Und dennoch präsentiert sich das Schulhaus in einem Zustand, als habe sich hier ein Erdbeben ereignet oder wenigstens eine Bombe eingeschlagen. Wir haben uns inzwischen daran gewöhnt, dass der Fahrradkeller dichtgemacht wurde, ein Teil des Pausenhofs abgesperrt ist und die Turnhalle nicht mehr betreten werden darf – der marode Zustand des Schulhauses hat zu gefährlichen Sicherheitslücken geführt. Aber nicht einmal durch solche Alarmzeichen sehen sich die zuständigen Politiker veranlasst, endlich einzuschreiten und die augenfälligsten Mängel zu beseitigen. Und so verrottet das Schulhaus vor unser aller Augen – ohne dass sich irgendetwas tun würde.

Ich kann es den Schülern nicht verdenken, wenn sie den Verfall des Schulhauses noch weiter beschleunigen: Sie reißen Vorhänge herunter, beschmieren Tische und Bänke und setzen ganze Klassenzimmer unter Wasser. Mit ihrem alltäglichen Vandalismus tragen sie dazu bei, den Eindruck einer allgemeinen Verwahrlosung noch weiter zu verschärfen. So, als wollten sie sich dafür rächen, dass sie Anspruch auf ein attraktives Lernumfeld haben, wir ihnen aber lediglich eine heruntergekommene Bildungsruine anbieten können.

Vielleicht können die Schüler mit diesem Zustand allgemeiner Unbehaustheit besser leben als ich: Sie haben ihre Schulzeit in ein paar Jahren hinter sich, um ihren Bildungsweg in funktionalen Werkstätten, sanierten Hörsälen oder durchgestylten Büros fortzusetzen. Mir aber wird der Anblick bröckelnden Betons oder aufgeplatzten Linoleums ein Leben lang erhalten bleiben. Als junger Lehrer bin ich mit dem Vorsatz angetreten, Schule zu gestalten – geblieben aber ist mir die wenig reizvolle Aussicht, den Mangel zu verwalten. Statt mir neue Methoden auszudenken und neue Formen der Schülerbeteiligung zu erproben, muss ich mich mit zerborstenen Fensterscheiben, losen Dielenbrettern und kaputten Steckdosen herumärgern. Das ist einfach zu wenig, um mich täglich neu motivieren und meine Kräfte jeden Morgen neu aktivieren zu können. „Hurra, hurra, die Schule brennt!" Manchmal wünsche ich mir dies herbei, um den katastrophalen Zuständen im Schulhaus endlich ein Ende zu bereiten.

Mit seinen Klagen über den **baulichen Verfall** seiner Schule steht Michael Kohlmüller nicht allein. Auch andere Kollegen wissen von unhaltbaren Zuständen zu berichten, unter denen die **Qualität von Schule und Unterricht** leidet. Viele Schulhäuser sind in die Jahre gekommen und deshalb längst ein Sanierungsfall. Die Verantwortlichen aber haben die anstehenden Instandsetzungsmaßnahmen immer weiter hinausgezögert und damit den Verfall der Schulhäuser nur noch beschleunigt. So hat der Landesschülerrat Sachsen für sein Bundesland einen Investitionsbedarf von zwei Milliarden ausgerechnet, der in die maroden Schulhäuser gesteckt werden müsste. Vor allem die größeren Städte haben gegen einen erheblichen Investitionsstau anzukämpfen. So wären allein in Dresden 700 Millionen notwendig, um die Schulhäuser der Stadt wieder in einen akzeptablen Zustand zu versetzen[13]. Dieser Investitionsstau hat mit der **chronischen Unterfinanzierung unserer Städte und Kommunen** zu tun: Als Sachaufwandsträger sind sie für den Bau und den Unterhalt der Schulhäuser verantwortlich. Weil ihre Kassen aber denkbar klamm sind, können die notwendigen Investitions- und Sanierungsaufgaben nicht in Angriff genommen werden. So können Straßenschäden nicht beseitigt, Hallenbäder nicht überholt und Kindergärten nicht erweitert werden. Und es sind vor allem Kinder und Jugendliche, die die Folgelasten einer auf Verfall gebürsteten Infrastruktur zu tragen haben.

Außerdem stammen die meisten Schulhäuser aus einer Zeit, in der die Bedürfnisse des Frontalunterrichts noch das Maß aller Dinge waren. Die Architekten planten und bauten so, dass alle Schüler vom Katheder aus gut zu überblicken und zu beaufsichtigen waren. **Offene Formen des schulischen Lernens** aber waren **in den Schulbaurichtlinien der Gründerzeit nicht vorgesehen**. So fehlt es in den meisten Schulhäusern an kleineren Einheiten für die Gruppenarbeit oder an Rückzugsmöglichkeiten für das selbst organisierte Lernen. Deshalb sind der **Grundriss und die Raumaufteilung** für viele Lehrkräfte inzwischen **genauso ein Problem wie der bauliche Zustand** der Schulhäuser und die Spuren eines alltäglichen Vandalismus. Wenn man die Wahl hätte, würde man die bestehenden Schulhäuser deshalb am liebsten abreißen und durch eine flexible und offene Architektur ersetzen. Das aber dürfte nicht nur für Herrn Kohlmüller für lange Zeit ein Traum bleiben. Die Sorgen des genervten Lehrers sind auch deshalb berechtigt, weil die **Qualität des Lernens ganz eng von seiner räumlichen Umgebung abhängt**. In Skandinavien sagt man: „Jedes Kind hat drei Lehrer. Der erste Lehrer sind die anderen Kinder. Der zweite Lehrer ist der Lehrer. Der dritte Lehrer ist der Raum."[14] Solange sich unsere Schulhäuser in einem Zustand schleichenden Verfalls befinden, fällt dieser dritte Lehrer aus. Damit werden unsere Schüler um die Möglichkeit gebracht, sich von ihrem Lernumfeld anregen zu lassen oder sich mit anderen austauschen zu können. Denn an der Ausstattung und Gestaltung des Raums entscheidet sich, wie viel Neugierde, Wechsel und Eigeninitiative im Unterricht möglich sind.

Natürlich wird man sich an der Schule des Kollegen Kohlmüller darum bemühen, Druck auf die Verantwortlichen auszuüben. Man wird die Schüler und ihre Eltern dafür gewinnen, sich in Leserbriefen an die Heimatzeitung zu wenden, Postkarten an örtliche Politiker zu schreiben und mit einer Kundgebung vor dem Rathaus auf den Verfall der baulichen Substanz aufmerksam zu machen. Solche Aktivitäten sind sicherlich sinnvoll. Angesichts leerer kommunaler Kassen wird man damit allerdings nicht viel ausrichten können.
Genauso wichtig wäre es deshalb, in der Schule für einen **anderen Umgang mit den räumlichen Ressourcen** zu werben. Auch undichte Dächer, kaputte Heizkörper oder zersprungene Waschbecken können Schlamperei und Zerstörungswut nicht rechtfertigen. Unachtsamkeit und Gewalttätigkeit haben auch damit zu tun, dass sich niemand mehr für den Zustand unserer Schulhäuser verantwortlich fühlt. Und hier sollte eine der Nachhaltigkeit verpflichtete Pädagogik ansetzen: Nur wenn die **Verantwortung für die einzelnen Räume klar geregelt** ist, werden sich Beschädigungen und Zerstörungen eindämmen lassen. Dann wird nämlich jeder darauf aufzupassen wissen, dass sich „sein“ Raum in einem einigermaßen passablen Zustand befindet. Mit der neuen Verantwortlichkeit sollte immer das Zugeständnis verbunden sein, einen Raum **nach eigenen Vorstellungen gestalten** und sich in dessen Erscheinungsbild verwirklichen zu dürfen. Das **fördert die Identifikation** mit dem Raum – und damit die Bereitschaft, der neuen Verantwortung auch wirklich gerecht zu werden. Das lässt sich beobachten, wenn

- ➔ an einer Schule das **Fachraumprinzip** eingeführt wird und die Lehrkräfte für eine sachgerechte Ausstattung und eine angenehme Lernatmosphäre sorgen.
- ➔ eine **Arbeitsgemeinschaft** einen Raum in eigener Regie übernimmt und das oft lieblose Ambiente durch zahlreiche kreative Accessoires aufwertet.
- ➔ die Schule mit einzelnen Klassen einen **Mietvertrag** abschließt und es den Schülern freigestellt wird, ihr Klassenzimmer nach eigenen Ideen auszugestalten.
- ➔ an der Schule regelmäßig einen **Werktag** durchgeführt wird und die Schüler mit den neu gestalteten Räumen und Orten viel sorgsamer umgehen, als man ihnen das zutrauen würde.

Diese Beispiele belegen: Je mehr sich die Beteiligten in einem Raum verwirklichen können, umso fürsorglicher gehen sie mit dieser Ressource um. Und dieser Grundsatz gilt unabhängig vom Gesamtzustand des Schulhauses und unabhängig von seinen baulichen und technischen Gegebenheiten. Auf dieser Basis sollte jede Schule ein **Raumkonzept** erstellen, in dem solche Zuständigkeiten geregelt und solche Gestaltungsoptionen festgelegt sind. Dazu finden Sie im folgenden Abschnitt hilfreiche Tipps.

Eine Hoffnung für marode Schulhäuser: Mit einem Raumkonzept dem Verfall begegnen

Die Unzufriedenheit der Beteiligten mit dem baulichen Niedergang ihrer Schulhäuser ist groß. Und trotzdem geht man an den einzelnen Schulen sehr unterschiedlich damit um: Während man mancherorts den schleichenden Verfall und die alltägliche Zerstörungswut widerstandslos hinnimmt, stemmt man sich anderswo mit großen Engagement gegen offenkundige Baumängel und vandalistische Umtriebe. Herrn Kohlmüller wäre eine Schule zu wünschen, in der man **mit der vorhandenen Raumsituation offensiv und ideenreich umgeht.** Hier könnte er sich in den **Bauausschuss** delegieren lassen, um in diesem Gremium an der **Erstellung eines Raumkonzepts mitzuarbeiten.** Ein solches Raumkonzept schreibt fest, wie die Räume im Schulhaus angeordnet, aufgegliedert und ausgestattet sein sollen. Hier ist aufgelistet, welche Räume im Schulhaus fehlen, welche entbehrlich sind und welche umgewidmet werden sollten. Außerdem regelt das Raumkonzept, welche Grundsätze für die Nutzung der einzelnen Räume gelten und wer dafür jeweils verantwortlich ist.

Für die Erstellung eines solchen Raumkonzepts sind unterschiedliche Anlässe denkbar: So kann es sein, dass die Schule einen Erweiterungsbau erhält, dass das Schulhaus etappenweise überholt wird oder dass der Unterricht künftig auf den Nachmittag ausgedehnt werden soll. Anlass für ein eigenes Raumkonzept könnten aber auch massive Sicherheitsmängel oder schwerwiegende bauliche Beeinträchtigungen sein. Als Mitglied der zuständigen **Steuerungsgruppe** müsste Herr Kohlmüller die Wünsche der beteiligten Gruppen abfragen, sollte sich aber auch durch das Vorbild anderer Schulen anregen lassen. In diesem Sinne hätte das vorbereitende Gremium

- ➔ in einer **Umfrage** unter den Schülern und Lehrern zu ermitteln, welche Nutzung, welche Aufteilung und welche Ausstattung der Unterrichtsräume von diesen gewünscht werden.
- ➔ im Rahmen einer **Exkursion** zu erkunden, wie andere Schulen ihre Raumprobleme gelöst und dabei den veränderten Anforderungen der Unterrichtsorganisation Rechnung getragen haben.
- ➔ eine schulinterne **Fortbildung** zu organisieren, damit sich die Kollegen über die unterschiedlichen Alternativen einer modernen Raumorganisation informieren können.
- ➔ in **Gesprächen mit dem Schulträger** herauszufinden, welche Haushaltsmittel im Zusammenhang mit einem neuen Raumkonzept in Anspruch genommen und welche Fördergelder dafür beantragt werden können.

Natürlich werden sich mithilfe eines Raumkonzepts die vielen baulichen Beeinträchtigungen und technischen Unzulänglichkeiten nicht von heute auf morgen beseitigen lassen. Ein solcher Masterplan für die ganze Schule kann aber dazu beitragen, dass sich die **Raumsituation Schritt für Schritt verbessert** und dass alle Beteiligten mit den baulichen und technischen Ressourcen verantwortungsvoller umgehen. Auch wenig spektakuläre Signale einer räumlichen Veränderung können bereits ein Umdenken in den Köpfen einleiten:

Fragen zum Raumkonzept	Beispielhafte Lösungen
Sollen die Unterrichtsräume den einzelnen Klassen, Fächern oder Lehrkräften zugeordnet werden?	An den meisten Schulen hat jede Klasse ihr eigenes Zimmer, für das sie allein verantwortlich ist. ➔ *Klassenraumprinzip* Immer mehr Schulen gehen aber dazu über, die Räume einzelnen Fächern zuzuordnen und sie mit entsprechenden Medien und Materialien auszustatten – so wie das in Werken, Musik oder Physik immer schon der Fall war. ➔ *Fachraumprinzip* Einzelne Schulen haben die Klassenzimmer aufgelöst, um die Räume jeweils einer Lehrkraft oder einer kleinen Lehrergruppe zuzuweisen. ➔ *Lehrerraumprinzip*
Wie sollen die Räume angeordnet sein, um den Schülern die Orientierung zu erleichtern und um die Entstehung unübersichtlicher Schulkomplexe zu verhindern?	In manchen Schulhäusern sind benachbarte Schulfächer mit ihren Fachräumen und Sammlungen im selben Flur oder im selben Flügel untergebracht. ➔ *Zonenmodell* Andere Schulen haben die Klassen eines Jahrgangs zu überschaubaren Einheiten zusammengefasst. Sie bilden eine abgeschlossene Nachbarschaft, die sich um einen gemeinsamen Lehrerstützpunkt herum gruppieren. ➔ *Schule in der Schule*

Fragen zum Raumkonzept	Beispielhafte Lösungen
Auf welche Räume und Raumnutzungen kann künftig verzichtet werden – und welche neuen Raumformate müssen entwickelt und eingeführt werden?	Damit der Unterricht im Wechsel von gemeinschaftlicher Unterweisung und anschließender Einzelarbeit stattfinden kann, ist jeder Schüler auf einen eigenen Arbeitsplatz mit Bildschirm, Rechner und Internetzugang angewiesen. Diese Arbeitsplätze sind in einem Großraum untergebracht, sodass mehrere Klassen nebeneinander arbeiten können. ➔ *Lernatelier* Durch die Umsetzung des Fachraumprinzips können die bisherigen Sammlungs- und Medienräume aufgelöst werden. Dadurch werden kleinere Raumeinheiten für die individuelle Förderung frei. ➔ *Lernwerkstatt*
Sollen die Räume geschlossen bleiben oder offen gestaltet sein – sodass die Schüler während einzelner Lerneinheiten ihren Ort wechseln und in einer anderen Umgebung lernen können?	Einzelne Schulen haben damit begonnen, mehrere Klassenzimmer zu einer Raumeinheit zusammenzulegen und diese zu einem gemeinsamen Marktplatz oder Foyer hin zu öffnen. Solche offenen Raumangebote werden vor allem für die Einzelarbeit genutzt. ➔ *Lernlandschaften* Darüber hinaus sollen Schüler, die ohne Hektik und Ablenkung arbeiten wollen, die Möglichkeit erhalten, sich an einen geschützten Ort zurückzuziehen, wo sie die nötige Konzentration finden. ➔ *Lerninseln*
Wie müssen die Räume einer Schule ausgestattet sein, damit hier ein offener Unterricht in entspannter Atmosphäre stattfinden kann?	Immer mehr Schulen rüsten ihre Klassenzimmer und Fachräume so um, dass die Laustärke reduziert wird und Störgeräusche ausgeschaltet bleiben. Das ist auch ohne größere Investitionen möglich. ➔ *flüsterndes Klassenzimmer* (vgl. S. 31) Gerade an Grundschulen hat es sich bewährt, wenn die Schüler nicht auf Stühlen, sondern auf Sitzbällen Platz nehmen. ➔ *bewegliches Klassenzimmer*

Fragen zum Raumkonzept	Beispielhafte Lösungen
Wie müssen die Räume einer Schule ausgestattet sein, damit hier ein offener Unterricht in entspannter Atmosphäre stattfinden kann?	Zum Einsatz innovativer Unterrichts- und Lernmethoden lässt sich das Klassenzimmer so ausrüsten, dass hier Tafeln, Leinwände und Karten verschiebbar sind, dass mit interaktiven Whiteboards gearbeitet wird und dass sich das Mobiliar ohne großen Aufwand immer neu arrangieren lässt. ➔ *flexibles Klassenzimmer*
Welche Regeln müssen in allen Unterrichtsräumen gelten, damit auch bei mehreren Nutzern das grundlegende Gestaltungskonzept erhalten bleibt?	Bei der Nutzung eines Raums durch mehrere Klassen muss gewährleistet sein, dass die Ausstattung nicht beschädigt und die Sitzordnung nicht verändert wird. Dazu schließt die gastgebende Klasse mit ihren Gästen einen Vertrag. ➔ *Mietvertrag*

Mit seinem Engagement für ein neues Raumkonzept hat sich Herr Kohlmüller Zusatzarbeit aufgebürdet. Dafür bleibt ihm erspart, dem Verfall seiner Schule tatenlos zusehen zu müssen. So könnte der Lehrer bei seinen Kollegen dafür werben, die bisherigen Klassenzimmer in Fachräume umzuwandeln und so seiner Schule eine neue Raumorganisation zu verordnen – in der Hoffnung, dass sich **die einzelnen Lehrkräfte künftig für die ihnen zugewiesenen Räume verantwortlich fühlen** und bauliche Mängel nicht länger hinnehmen. Wenn jeder Raum die persönliche Handschrift eines Lehrers trägt, sollte sich niemand mehr über lose Deckenplatten oder zugemüllte Schränke ärgern müssen. Und diese **neue Kultur der Achtsamkeit** würde sich irgendwann hoffentlich auch auf die Schüler übertragen.

In einer Behörde gelandet

Ann-Kathrin Bohnengel (36), *Lehrerin an einer Mittelschule*

„Am Hofe des Sonnenkönigs“ – Für eine Geschichtsstunde zu diesem Thema hatte ich mir einiges einfallen lassen. Die Schüler sollten herausbekommen, wie es sich im Schloss eines absolutistischen Monarchen lebte, und sich dazu eine Meinung bilden. Sie sollten das Zeremoniell des morgendlichen Aufstehens kennenlernen, sich mit dem Einmaleins der Fächersprache beschäftigen und die geheimen Codes der höfischen Mode entschlüsseln. Leider bekamen die

Schüler meiner 8. Klasse davon nicht viel mit. Denn wieder einmal musste der Unterricht auf ein Minimalprogramm zusammengedrängt werden – weil ich die meiste Zeit mit organisatorischen Aufgaben und dem unvermeidlichen Verwaltungskram beschäftigt war. Heute waren es die Einverständniserklärungen zum Betriebspraktikum, die dringend eingesammelt und sortiert werden mussten. Außerdem standen die Rückmeldungen zum Förderangebot der Schule sowie eine Umfrage zur Nutzung der Schließfächer auf der Tagesordnung.

Ich hätte mir niemals träumen lassen, wie viel Bürokratie es in einem pädagogischen Beruf zu erledigen gibt und wie viel Zeit solche Verwaltungstätigkeiten in Anspruch nehmen: Da müssen die Schülerakten korrekt geführt und da muss die schulinterne Statistik auf den neuesten Stand gebracht werden. Da muss den Eltern jeder Elternsprechabend, jeder Schwimmbadbesuch und jeder Läuse-Alarm mitgeteilt und jede dieser Informationen per Unterschrift bestätigt werden. Da gibt es immer irgendwelche Daten, die abgefragt, irgendwelche Informationen, die gegengezeichnet, und irgendwelche Geldbeiträge, die eingesammelt werden müssen. Das alles kommt auf uns Lehrer völlig unkoordiniert zu – und belastet unsere pädagogische Arbeit deshalb umso mehr.

Manche meiner Kollegen lassen ganze Unterrichtsstunden ausfallen, um ihren Verwaltungspflichten möglichst korrekt, vollständig und pünktlich nachzukommen. Andere entziehen sich dem bürokratischen Mehraufwand durch konsequente Verweigerung: Sie lassen die Elternbriefe schon lange nicht mehr unterschreiben und füllen die Befragungen der Schüler am heimischen Schreibtisch selbst aus. Wieder andere wälzen die ungeliebten Organisationsaufgaben auf die beiden Klassensprecher ab, obwohl mit diesem Amt eigentlich ganz andere Aufgaben verbunden wären. Richtig glücklich aber ist keiner mit dem, was im Unterrichtsalltag an bürokratischer Mehrarbeit zu erledigen ist.

Dabei gehöre ich zu den wenigen Lehrkräften, die das Verwaltungshandwerk von der Pike auf gelernt haben: Ich habe nach der mittleren Reife eine Ausbildung zur Bürokauffrau absolviert – aber schon ganz bald gemerkt, dass das nichts für mich ist. Über den zweiten Bildungsweg habe ich es dann bis zur Lehrerin gebracht. Und immer noch finde ich es tausendmal spannender, Kinder zu unterrichten als irgendwelchen Verwaltungskram zu erledigen. Statt aber meinen pädagogischen Auftrag zu erfüllen, verbringe ich heute einen großen Teil meiner Arbeitszeit mit jenen administrativen Routineaufgaben, denen ich seinerzeit als junge Sachbearbeiterin entfliehen wollte. Ursprünglich hatte ich mich auf einen aufregenden Lern- und Lebensort gefreut. Gelandet aber bin ich in einer reichlich humorlosen Behörde. Da hätte ich mir den entbehrungsreichen Umweg über Abitur, Studium und Lehrerseminar eigentlich sparen können.

Die Klagen vieler Lehrkräfte über eine **überbordende Bürokratie** sind berechtigt: Tatsächlich werden die meisten Verwaltungsaufgaben auf sie abgewälzt, obwohl sie dafür nicht qualifiziert sind und obwohl diese so gar nicht zu ihrem pädagogischen Selbstverständnis passen wollen. Offensichtlich haben die Verantwortlichen immer noch das Bild des braven Dorfschulmeisters vor Augen, der in seiner Zwergschule alle anfallenden Aufgaben erledigte – vom Schneeräumen im Winter bis zum Orgelspielen beim sonntäglichen Gottesdienst. Von den Lehrkräften unserer Tage wird niemand erwarten, dass sie zur Winterszeit den Schneepflug oder sonntags die Kirchenorgel bedienen. Dass sie aber nebenher den Job einer Verwaltungskraft erledigen – an dieser Erwartung dürfte sich kaum etwas geändert haben.

Darüber hinaus kommen auf die modernen Lehrkräfte **zahlreiche Verwaltungsarbeiten** zu, mit denen niemand ein solches Dorfschulmeisterlein hätte behelligen wollen. So bedeutet es einen zusätzlichen Verwaltungs- und Organisationsaufwand, wenn

- ➔ die Schüler zunehmend zwischen differenzierten Lernangeboten zu wählen haben und wenn ihre individuelle Förderung immer mehr in den Mittelpunkt der Schulorganisation rückt.
- ➔ unsere Schulen die Qualität ihrer pädagogischen Arbeit regelmäßig evaluieren lassen und dazu auf ein regelmäßiges Feedback angewiesen sind.
- ➔ im Zusammenhang mit der pädagogischen Inklusion immer mehr behinderte Schüler eine Regelklasse besuchen und deren sonderpädagogische Förderung organisiert und dokumentiert werden muss.
- ➔ die Schule als Ganztagseinrichtung geführt wird und die Schüler über die bisherige Unterrichtspraxis hinaus zwischen unterschiedlichen Freizeit- und Bildungsangeboten wählen können.
- ➔ die Vernetzung mit Einrichtungen der Kinder- und Jugendhilfe, mit außerschulischen Beratungsangeboten und mit medizinischen Fachdiensten ausgebaut wird.
- ➔ sich die Schule zum Stadtteil hin öffnet, ihren Schülern neue Lernorte erschließt und den Nachbarn als Bildung- und Quartierszentrum zur Verfügung steht.

Man hat tatsächlich den Eindruck, dass jede pädagogische und strukturelle Innovation den Lehrkräften zusätzliche organisatorische Pflichtaufgaben abverlangt. In anderen Ländern hat man diesen Zusammenhang längst erkannt und daraus die nötigen Lehren gezogen. Hier werden solche administrativen Tätigkeiten nicht mehr den Lehrern aufgebürdet, sondern von einer professionell arbeitenden und personell gut ausgestatteten Verwaltung erledigt. Hier bildet das **Management** inzwischen eine **zweite Säule des Schulbetriebs**, durch die die **pädagogische Arbeit entlastet** wird. Frau Bohnengel vermutet wohl nicht zu Unrecht, dass es noch viele Jahre dauern wird, bis auch bei uns die Verantwortung für den Schulbetrieb auf zwei professionellen Säulen ruht. Bis es so weit ist, lassen sich aber auch hierzulande **entsprechende Vorkehrungen** treffen – damit unsere Schulen nicht zu übermächtigen Behörden und unsere Lehrer nicht zu reinen Verwaltungsbeamten degenerieren:

- → So sollte die Organisation des Schulbetriebs einer regelmäßigen **Aufgabenkritik** unterzogen werden: Hier nimmt sich eine Projektgruppe alle Abläufe, Vorschriften und Formulare vor, um diese auf ihre Notwendigkeit und Praxistauglichkeit hin zu überprüfen. Dabei wird sich zeigen, dass vieles aussortiert und entrümpelt werden kann.
- → Je älter die Schüler sind, desto stärker können sie an der Organisation von Schule und Unterricht beteiligt werden. Dazu lassen sich in jeder Klasse einzelne **Dienste** einrichten, die von den Schülern eigenverantwortlich übernommen werden. So kann eine Schülerin die Entschuldigungen abheften und eine andere kleinere Geldbeträge einsammeln. Diese Form der Schülerbeteiligung fördert auch die organisatorische Kompetenz und das Verantwortungsbewusstsein der jungen Leute.
- → Für viele Lehrkräfte bedeutet es eine erhebliche Entlastung, wenn sich die Klassenkonferenz auf eine interne **Arbeitsteilung** verständigen kann. So könnte ein Kollege die Kontrolle des Klassenbuchs, eine weitere Lehrerin die Organisation des Schullandheims und ein anderer Fachlehrer die Verwaltung des Notenmanagers übernehmen. Hier können vor allem solche Fachlehrer eingebunden werden, die selbst keine Klassenlehrer sind.

Tipp

Vielleicht fühlen sich auch an Ihrer Schule die Klassenlehrer durch den Umfang der täglich anfallenden Verwaltungsaufgaben überfordert – was sich vor allem am Beginn und am Ende des Schuljahres zeigen dürfte. In diesem Fall sollten Sie anregen, dass die Klassenführung jeweils von zwei Lehrkräften übernommen wird. Hier könnten auch Kollegen in die Verwaltungsaufgaben eingebunden werden, die aufgrund ihrer Fächerkombination für eine Klassenleitung eher nicht infrage kommen. Ein solches **Tandem** könnte die anfallenden Aufgaben jeweils untereinander aufteilen. So lässt sich verhindern, dass alle undankbaren Tätigkeiten beim Klassenlehrer hängen bleiben.

- → Es wäre schon viel geholfen, wenn den Klassenlehrern wenigstens eine Wochenstunde zur Verfügung stünde, um die anfallenden Organisationsarbeiten zu erledigen. An manchen Schulen haben die Klassen Anspruch auf eine solche **Orga-Stunde**, für die in einem rotierenden System alle Fächer eine Stunde abzutreten haben. So kann in jeder Woche eine Orga-Stunde stattfinden – ohne dass einzelne Fächer oder Lehrkräfte dadurch überdurchschnittlich belastet würden.

→ Die bürokratischen Anforderungen an Unterricht und Schulleben lassen sich leichter bewältigen, wenn ähnliche Aufgaben jeweils zusammengelegt werden. Eine solche **Bündelung der Aufgaben** ist z. B. denkbar, wenn nur einmal im Halbjahr Geld eingesammelt wird und wenn das für alle Elternbeiträge gilt – vom Kopiergeld bis zu den anfallenden Fahrtkosten.

→ Zunehmend nutzen Schulen die Möglichkeiten, die Eltern über das **Internet** zu informieren und von diesen eine Rückmeldung einzuholen. Dafür erhalten alle Eltern eine eigene PIN, mit der sie sich ins Informationssystem der Schule einklinken können – und immer auf dem Laufenden gehalten werden. Dadurch entfällt die gefürchtete „Zettelwirtschaft“, durch die sonst viel Unterrichtszeit verloren geht.

Solche Beispiele belegen: Es bedarf keiner besonderen Kraftanstrengung, um den Schulalltag zu entbürokratisieren und die Lehrkräfte zu entlasten. Deshalb könnte sich Frau Bohnengel auch an ihrer Schule mit der einen oder anderen Anregung durchsetzen. So könnte die Einführung einer **Portfolio-Mappe** helfen, den ausufernden Schriftverkehr zwischen Schule und Elternhaus zu zähmen und damit das zeitraubende Austeilen und Einsammeln zu Beginn des Unterrichts auf ein erträgliches Maß zu verkürzen. Wie die Portfolio-Mappe dabei konkret helfen kann, zeigt Ihnen der folgende Abschnitt.

Schluss mit der ewigen Zettelwirtschaft: Verwaltungsaufgaben effektiv managen

Ob die Eltern um Spenden für den Förderverein gebeten oder über das Hausaufgabenkonzept der Schule informiert werden – immer müssen solche Informationen ausgeteilt, unterschrieben und wieder eingesammelt werden. Mindestens einmal in der Woche gehen den Eltern neue Informationen, Ankündigungen und Einladungen zu. Und mindestens einmal in der Woche müssen diese dem Klassenlehrer zurückgegeben werden. Noch bevor die entsprechenden Abschnitte unterschrieben werden können, sind sie oft in der Schultasche, im Hausaufgabenheft oder zwischen irgendwelchen Buchdeckeln verschwunden. Entsprechend lange dauert es deshalb, bis alle Rückmeldungen komplett sind.
Das lässt sich ändern, wenn die Schüler **zu Beginn des Schuljahres eine Mappe** erhalten, in der sie **alle Informationen abheften** und in der ihr Erhalt von den Eltern per Unterschrift bestätigt wird. Dieses Portfolio sollte zu einem ebenso

selbstverständlichen Begleiter wie das Hausaufgabenheft werden – und wie dieses auf dem Arbeitsplatz der Schüler einen festen Platz erhalten. Auf der Innenseite des Portfolios legen die Schüler ein Inhaltsverzeichnis an. Und hier bestätigen die Eltern jeweils, die einzelnen Informationen eingesehen zu haben. Sie können den Lehrern dazu aber auch besondere Hinweise zukommen lassen. Von Fall zu Fall werden die Mappen vom Klassenlehrer eingesammelt. Bei dieser Gelegenheit lässt sich dann überprüfen, ob die Mappen wirklich vollständig sind und ob die Eltern tatsächlich unterschrieben haben. So funktioniert die Kommunikation zwischen Schule und Elternhaus reibungslos – ohne dass die ausgeteilten Informationen vergessen oder verschlampt werden.

Mithilfe eines solchen Portfolios lässt sich viel **Zeit gewinnen** und für pädagogische Kernaufgaben abzweigen. Schließlich können Sie damit die lästige „Einsammleritis“ aus Ihrem Unterricht verbannen. Darüber hinaus

- ➔ werden die Informationen für die Eltern an einem verlässlichen Ort verwahrt. Damit dürfte das tägliche Irren und Suchen ein Ende haben.
- ➔ können sich die Eltern auch lange zurückliegender Informationen vergewissern, ohne ihre Kinder oder den Lehrer damit nerven zu müssen.
- ➔ muss nicht jeder Rücklauf einzeln kontrolliert werden. Die Bestätigungen der Eltern lassen sich nämlich auch in gebündelter Form überprüfen.
- ➔ haben die Eltern die Möglichkeit, von sich aus den Lehrer zu kontaktieren, um ihm Wissenswertes über ihr Kind mitzuteilen.
- ➔ verfügen die Schüler über eine Dokumentation, in der die Geschichte eines ganzen Schuljahres erzählt wird und in der sie eventuell später gern blättern.

Nicht zuletzt lässt sich durch den Inhalt einer solchen Mappe belegen, wie viele Aktivitäten die Schule im Verlauf eines Jahres anbietet und wie engagiert sie die Kommunikation mit den Eltern ihrer Schüler betreibt. Hier sehen Sie ein Beispiel für das Inhaltsverzeichnis einer solchen Portfolio-Mappe:

Mein Schuljahr

ein Portfolio für Schüler und Eltern

Datum	Dokument	Unterschrift	Bemerkungen
	Hinweise zu den Jahreskarten der Verkehrsbetriebe		
	Informationen zur Mensaverpflegung und zur Anmietung der Schließfächer		
	Aufstellung der Wahlfächer, Arbeitsgemeinschaften und Förderkurse		
	Liste der Lehrkräfte und ihrer Sprechstunden		
	Anmeldung zur Hausaufgabenbetreuung		
	Einladung zu einem Abonnement der Schulplatzmiete		
	Elternbrief zum ersten Wandertag und zur Wahl der Klassenpflegschaft		
	Informationen zum Ablauf des Pädagogischen Tags		
	Hinweise zum Besuch der 8. Klassen im Deutschen Museum		
	Einladung zum Informationsabend „Gefahren im Internet“		
	Informationen zur Teilnahme am Skikurs und zur Einteilung der Schwimmgruppen		

-1-

Datum	Dokument	Unterschrift	Bemerkungen
	Programm des Weihnachts-basars und des Weihnachts-konzerts		
	Elternbrief zum Ablauf der bevorstehenden Skikurse		
	Ankündigung des Erste-Hilfe-Kurses durch den ASB		
	Einladung zum Elternsprech-abend und zur Nachhilfebörse		
	Hinweise zur Organisation der diesjährigen Projektwoche		
	Informationen zur Verkehrs-erziehung in den 8. Klassen durch die Polizei		
	Elternbrief zum Ablauf von Betriebspraktikum und Bewerbungstraining		
	Hinweise für alle Schüler, die das Wahlpflichtfach wechseln wollen		
	Programm und Bewerbung für den „Girls Day" bzw. „Boys Day"		
	Elternbrief zum zweiten Wandertag und zum Ablauf der letzten Schulwochen		
	Brief der Klassenlehrerin zu den Vorfällen beim zweiten Wandertag		
	Vorstellung des diesjährigen Kinderferienprogramms durch das Jugendamt		

-2-

Frau Bohnengel weiß, dass mit einem solchen Portfolio nur ein allererster Schritt getan ist. Mit einer besseren Organisation des Schriftverkehrs zwischen Schule und Elternhaus hat sich die bürokratische Überforderung der Lehrkräfte noch lange nicht erledigt. Die Erfahrungen mit dem Portfolio könnten sie und ihre Kollegen jedoch ermutigen, sich durch weitere solche Schritte von den ungeliebten Verwaltungsaufgaben zu entlasten. Denn offensichtlich sind solche **Verbesserungen möglich und machbar.** Und jedes Kollegium hat die Chance, den bürokratischen Überbau des Unterrichtsalltags durch eigene Initiativen aufzubrechen und sich nicht länger vom Primat des Administrativen unterkriegen zu lassen.

Spielball der Politik

Christian Höckelhoven (37), *Lehrer an einem Gymnasium*

In aller Ruhe arbeiten und lernen zu können – das ist das gute Recht unserer Schüler. In einer ohnehin verunsicherten Welt sollten unnötige Aufregungen von ihnen ferngehalten werden, sollten ihnen überflüssige Umbrüche erspart bleiben. Insofern haben wir die Schule zwar nicht zur Idylle zu verklären, sie aber doch als einen geschützten Ort zu behandeln. Unter uns Lehrern ist das weitgehend unumstritten. Die verantwortlichen Politiker haben dafür allerdings so gar kein Verständnis. Im Gegenteil: Sie scheinen nur zufrieden, wenn sie in immer kürzeren Abständen eine neue Sau durchs Dorf treiben können. Deshalb werden den Schulen immer neue Reformen aufgedrückt – auch wenn damit für die Lehrer zusätzliche Belastungen und für die Schüler überflüssige Irritationen verbunden sind.

So wurden die Schulen nach dem Erscheinen der ersten PISA-Studie dazu verdonnert, die Schüler mit zahlreichen Leistungstests und Vergleichsarbeiten zu plagen. Zwar wird eine Sau vom regelmäßigen Wiegen auch nicht fetter – aber die Politik entwickelte immer neue Testformate, um die Leistungen der Schüler abzufragen und zu vergleichen. Wir Lehrer hatten ja gar keine andere Wahl, als diesen Unsinn mitzumachen und damit die Unruhe unter den Schülern und Eltern auch noch zu befeuern. Wenig später wurde die individuelle Förderung einzelner Schüler zum alleinigen Maß aller Dinge erhoben. Die jungen Leute hatten sich ständig diagnostizieren und irgendwelchen Förder- oder Coachingkursen zuweisen zu lassen – auch wenn sie mit ihrem Pflichtstundenmaß ohnehin schon überfordert waren und einfach nur in Ruhe gelassen werden wollten. Dann wiederum sollte an den Schulen eine Qualitätsoffensive gestartet werden, um die Effektivität des Unterrichts zu verbessern. Dazu wurden vielerorts Qualitätszirkel ins Leben gerufen, ließen sich viele Schulen durch ein Team externer Fachleute evaluieren. Dieses administrativ verordnete Projekt verlief aber vielerorts im Sande, ohne dass die Ergebnisse der externen Begutachtung auch nur ansatzweise umgesetzt worden wären. Offensichtlich verfügen die verantwortlichen Politiker über viel Reformeifer – aber nicht über den langen Atem, um die von ihnen angeschobenen Initiativen tatsächlich durchzuhalten.

Rein in die Kartoffeln, raus aus den Kartoffeln: Längst sind wir Lehrer es gewohnt, in ein Wechselbad von Reformen und Gegenreformen getaucht zu werden. Ich kann mich noch gut erinnern, wie wir seinerzeit auf den Schwenk zum 8-jährigen Gymnasium eingeschworen wurden. Ich selbst riskierte damals ein Disziplinarverfahren, weil ich die Schüler in meinem Unterricht Spruchbänder gegen diesen bildungspolitischen Amoklauf bemalen ließ. Inzwischen ist die Politik dabei, sich von dieser ungeliebten Reform klammheimlich wieder zu verabschieden. Solche Wende- und Wackelmanöver kosten unglaublich viel Energie und sie infizieren die Schulen mit einer Unruhe, die unseren Schülern nicht guttut und die auch die Eltern nervös macht. Die Schule ist damit zu einem Spielball der Politik geworden. Und ich habe keine Lust mehr, mich für diesen Aktionismus der Politiker instrumentalisieren zu lassen.

Hier lässt ein Lehrer seinen Frust ab, der sich von den politischen Wendehälsen in seiner pädagogischen Arbeit gestört fühlt. Herr Höckelhoven scheint ein feines Gespür dafür zu haben, dass junge Menschen auf ein verlässliches schulisches Umfeld angewiesen sind. Das muss freilich nicht bedeuten, dass er sich deswegen jeder Veränderung verweigern würde. Was ihn stört, sind vielmehr die **spontanen Eingebungen der Politik**, durch die die **Planungssicherheit unserer Schulen immer wieder auf den Kopf gestellt** wird. Viele Lehrkräfte können sich noch gut daran erinnern, wie hektisch, chaotisch und unprofessionell seinerzeit das 8-stufige Gymnasium eingeführt wurde. Hier zeigte sich, dass die Politik eher ein Saisongeschäft ist: Den Kultusministern ging es vor allem darum, die Einführung des G8 bis zu den nächsten Wahlen in trockenen Tüchern zu haben. Durch dieses eher vordergründige Ansinnen fehlte den Schulen der Vorlauf, den diese Umstellung aus pädagogischen Erwägungen gebraucht hätte.

Kritiker wie Herr Höckelhoven sollten aber auch wissen, dass nicht alle Schulen in gleicher Weise unter dem Aktionismus der Politiker leiden: So sind Schulen mit einem **fundierten pädagogischen Programm** und einem eigenen Reformanspruch durch solche Schnellschüsse nicht zu beeindrucken. Wer an einer eigenen Reformagenda arbeitet, bedarf keiner Impulse von außen, um bestehende Strukturen und pädagogische Gepflogenheiten scheibchenweise zu verändern.

Außerdem sollte das politische Handeln in einer Demokratie nicht allein den Politikern überlassen bleiben. Hier haben auch die Betroffenen das Recht, vielleicht sogar die Pflicht, sich **mit eigenen Forderungen und Vorschlägen in den politischen Diskurs einzubringen**. Auch wir Lehrer haben dem vordergründigen Reformeifer der Politiker etwas entgegenzusetzen. Aber wir werden dafür keine Mehrheiten organisieren können, wenn wir allein dem Durchsetzungsvermögen des eigenen Berufsstandes vertrauen. Deshalb wären wir gut beraten, jeweils den **Schulterschluss mit Schülern und Eltern** zu suchen, um unsere politischen Forderungen durchzusetzen – und das könnte bereits auf lokaler Ebene funktionieren.

Tipp

Gehen Sie mit Ihren Kollegen auf die Schüler- und Elternvertreter vor Ort zu und verabreden sie sich, um die brennendsten Probleme der örtlichen Schulen zu besprechen. Auf dieser Basis könnten erste gemeinsame Aktionen vereinbart werden und sich ein lokales **Bildungsbündnis** konstituieren. Wenn die organisatorischen Strukturen erst einmal stehen und man gelernt hat, vertrauensvoll miteinander umzugehen, kann daraus eine Lobby für die Schulen vor Ort werden. Und bei der nächsten politischen Zumutung wird man dann Schüler, Eltern und Lehrer gemeinsam auf der Straße finden.[15]

Ob es um den Zustand der Schulhäuser geht, um die Streichung von Lehrerstellen oder um die Aufgabe einzelner Schulstandorte – immer bedarf es eines **gemeinsamen Vorgehens**, um auch den abgebrühtesten Politiker noch beeindrucken zu können. In diesem Sinne können die Betroffenen tatsächlich etwas bewegen, wenn

- ➔ sie sich in **Leserbriefen** an die Heimatzeitung wenden oder sich in Radiosendungen Gehör verschaffen.
- ➔ sie Vertreter der Parteien zu einer **Podiumsdiskussion** einladen oder ein Hearing mit Experten organisieren,
- ➔ sie ihre Anliegen bei einer **Bürgerversammlung** vortragen oder an einer Sitzung des Gemeinderats teilnehmen.
- ➔ sie unter den Passanten **Unterschriften sammeln** oder eine Online-Petition initiieren.
- ➔ sie die **Menschen ihrer Heimatgemeinde** mit einem Happening oder mit einem **Unsichtbaren Theater** überraschen.
- ➔ sie im Rahmen einer **Mahnwache** an ihre Anliegen erinnern oder eine Menschenkette um ein bedrohtes Schulhaus bilden.
- ➔ sie eine **Demonstration** organisieren oder über die sozialen Netzwerke zu einem **Flashmob** aufrufen.

- sie eine **Befragung** der örtlichen Haushalte durchführen oder ein **Bürgerbegehren** in die Wege leiten.

Mit solchen Aktivitäten kommt auf uns Lehrkräfte natürlich eine Menge Arbeit zu. Es ist deshalb notwendig, im Kollegium möglichst viele Gleichgesinnte zu rekrutieren und zur Mitarbeit zu motivieren. Am besten gelingt Ihnen das, wenn Sie sich einem **Berufsverband** anschließen.

Gemeinsam sind wir stark: Sich in einem Berufsverband engagieren

Niemand gibt gern den Vereinsmeier. Und deshalb haben viele Lehrkräfte Probleme damit, sich einer Gewerkschaft oder einem Berufsverband anzuschließen. Die Verbände selbst geben sich gern unpolitisch und werben lieber mit dem besonderen Service, auf den ihre Mitglieder Anspruch haben. Dazu gehören in der Regel ein kostenloser Rechtsschutz, eine Berufshaftpflichtversicherung sowie der kostenlose Bezug der Verbandszeitschrift. Noch mehr sollte Sie aber interessieren, über welche **Möglichkeiten der politischen Einflussnahme** hier ein Mitglied verfügt. Schließlich gelten die Lehrerverbände auch in Deutschland als eine starke Lobby. Sie werden davon aber nur dann etwas haben, wenn Sie die Politik der Verbände beeinflussen können und deren Kursbestimmung nicht irgendwelchen Funktionären oder Gremien überlassen müssen. Bevor Sie einen Mitgliedsantrag unterschreiben, sollten Sie deshalb vorher prüfen,

- ob dem Berufsverband auch andere Mitglieder Ihres Kollegiums angehören, ob es hier vielleicht eine aktive **Betriebsgruppe** oder wenigstens eine für Sie immer ansprechbare **Vertrauensfrau** gibt.
- ob der Berufsverband in der für Sie zuständigen **Personalvertretung** mitarbeitet und ob Sie als einfaches Mitglied die Möglichkeit haben, Einfluss auf die Arbeit Ihrer Personalräte zu nehmen.
- ob das Auftreten des Verbandes im öffentlichen Diskurs Ihren **bildungspolitischen Vorstellungen** entspricht und ob Sie sich mit Ihren Auffassungen auch in den Publikationen des Verbandes wiederfinden.
- ob der Berufsverband **auf örtlicher Ebene** regelmäßige Versammlungen abhält und ob hier auch ein einfaches Mitglied die Möglichkeit hat, sich an der Meinungsbildung des Vereins zu beteiligen.

In jedem Fall sollten Sie sich ein Bild davon machen, welche Verbände für Sie überhaupt infrage kommen und wo Sie sich mit Ihren Ärgernissen und Anliegen am besten aufgehoben fühlen:

Abkürzung	Name	Kurzporträt	Internet
BLBS	Bundesverband der Lehrerinnen und Lehrer an beruflichen Schulen	Dieser Berufsverband ist Mitglied des Deutschen Beamtenbunds und damit eher konservativ geprägt. Mehr Einfluss als der Bundesverband haben die 16 Landesverbände.	www.blbs.de
DPhV	Deutscher Philologenverband	Der Verband versteht sich als Interessenvertretung der Lehrkräfte an den Gymnasien. Er ist Mitglied des konservativen Deutschen Lehrerverbands (DL) mit seinem Präsidenten Josef Kraus.	www.dphv.de
GEW	Gewerkschaft Erziehung und Wissenschaft	Die GEW organisiert Angehörige aller pädagogischen Berufe – von den sozialpädagogischen Fachkräften bis zu den Hochschuldozenten. Bildungspolitisch vertritt die Gewerkschaft die Idee einer gemeinsamen Schule für alle Kinder.	www.gew.de
VBE	Verband Bildung und Erziehung	Bekannter als dieser Dachverband sind die 16 Verbände auf Landesebene, wie z.B. der Bayerische Lehrerinnen- und Lehrerverband (BLLV). Hier sind vorwiegend die Lehrkräfte an den Grund- und Hauptschulen organisiert.	www.vbe.de

Abkürzung	Name	Kurzporträt	Internet
vds	Verband Sonderpädagogik	Der Verband vertritt die Lehrkräfte an den Sonderschulen. Er wehrt sich gegen die Abschaffung dieser Schulform, zeigt sich aber auch dem Anliegen einer inklusiven Schule gegenüber offen.	www.vds.de
VDR	Verband deutscher Realschullehrer	Der Verband versteht sich als die berufsständische Vertretung der Lehrkräfte an den Realschulen. Wie der Philologenverband gehört er zum DL und kämpft für den Erhalt des dreigliedrigen Schulwesens.	www.vdr-bund.de

Daneben gibt es **zahlreiche pädagogisch engagierte Initiativen und Verbände**, für die einzelne Aspekte der Schulorganisation und der Schulkultur besonders wichtig sind und die diese Anliegen in die Öffentlichkeit transportieren. Verbände wie die *Aktion Humane Schule*, der *Ganztagsschulverband*, der *Grundschulverband*, die *GGG (Verband für Schulen des gemeinsamen Lernens)* oder die *Deutsche Gesellschaft für Demokratiepädagogik* stehen bildungspolitisch eher der GEW nahe, sind aber eigenständige Organisationen mit einer eigenen Tradition, einem eigenen Selbstverständnis und einem eigenen Arbeitsprofil. Auch über sie lässt sich die Öffentlichkeit für bestimmte Anliegen interessieren, lässt sich Einfluss auf die Politik nehmen.

Vielleicht ist Christian Höckelhoven schon lange Mitglied der GEW, hat es hier aber bisher bei einer passiven Mitgliedschaft belassen. Er könnte seinem Ärger Luft machen und **aktiv werden**, indem er an seiner Schule eine GEW-Betriebsgruppe gründet oder sich in der Fachgruppe Gymnasien engagiert. Hier dürfte er auf Gleichgesinnte treffen, mit denen er gemeinsam eine Resolution verfassen, eine Podiumsdiskussion planen oder einen Flashmob organisieren könnte. Denn nur wer auf sich allein gestellt ist, kann zum Spielball der Politiker werden.

Eltern ante Portas

Hanne Heubusch (37), *Lehrerin an einer Grundschule*

Morgen fahre ich mit meiner 5. Klasse ins Schullandheim und bin fast genauso aufgeregt wie meine Schüler. Vorher gehe ich allerdings noch die Anmeldezettel durch, die die Eltern auszufüllen und zu unterschreiben hatten. Hier konnten sie mitteilen, wenn ich auf ihr Kind besondere Rücksicht zu nehmen habe. Das Ergebnis ist eine regelrechte Agenda, die ich während der nächsten Tage Punkt für Punkt abzuarbeiten habe. So muss ich daran denken, dass Jan zum Abendessen seine Tabletten nimmt, dass Kira nicht mit ihrer Zahnspange ins Bett geht und dass Valeria ihren Durst nur mit laktosefreien Kaltgetränken stillen darf. Außerdem habe ich dafür Sorge zu tragen, dass Niklas regelmäßig zu Hause anruft, dass Marius 2-mal am Tag Zähne putzt und dass Kimberley im Stockbett immer unten schläft. Ich wäre schon ausgelastet, wenn ich nur die Aufträge der Eltern erledigen würde – ohne mich auch noch mit der Planung und Durchführung des Schullandheims zu beschäftigen.

In den Rückmeldungen der Erziehungsberechtigten zeigt sich ein Trend, den ich nicht nur in pädagogischen Ausnahmesituationen beobachte: Die Eltern treten heute viel selbstbewusster auf als früher. Ihre Ansprüche werden immer größer, ihre Erwartungen immer ausgefallener, ihre Forderungen immer unverschämter. So soll ich auch solchen Lernstörungen Rechnung tragen, die von Medizinern und Pädagogen als reine Fantasiegeburten entlarvt wurden. So soll ich auch jene Schüler zu einem höheren Bildungsabschluss führen, denen es dafür an Eignung und Motivation fehlt. So soll ich alle Erziehungsprobleme lösen, mit denen man sich in den Elternhäusern überfordert sieht.

Auf der anderen Seite habe ich es aber auch mit Eltern zu tun, denen die eigenen Kinder ziemlich gleichgültig sind und die sich um deren Befindlichkeiten nicht weiter kümmern. Von solchen Eltern kann ich mit keinerlei Unterstützung rechnen: Sie lassen es zu, dass ihre Kinder ohne Frühstück in die Schule kommen und von uns mit Kakao und Hörnchen durchgefüttert werden. Sie weigern sich, meine Sprechstunde zu besuchen oder auch nur bei mir anzurufen, obwohl ich sie immer wieder darum bitte. – Ich beneide die Kollegen, die an einem Berufskolleg oder an einer Abendschule unterrichten. Sie haben es mit erwachsenen Schülern zu tun und müssen sich nicht mit einer derart heterogen aufgestellten Elternschaft herumschlagen. Als Lehrerin an einer Regeschule aber sehe ich mich zum Erfüllungsgehilfen einer Elterngeneration degradiert, deren Ansprüche mich erdrücken oder deren Ignoranz mich lähmt.

Die meisten Lehrer dürften Frau Heubusch zustimmen, wenn sie die **heterogene Zusammensetzung der Elternschaft** beklagt. Die von ihr beschriebene Dialektik von **übertriebener Fürsorge** und **nachhaltiger Vernachlässigung** zeigt sich in fast jeder Schulart und verlangt nach einer differenzierten Antwort. So werden die meisten von uns schon einmal mit den gefürchteten **„Helikopter-Eltern"** zu tun gehabt haben: Sie sind so sehr um das Wohlergehen ihrer Kinder besorgt, dass sie wie ein Hubschrauber ständig über ihren Schützlingen kreisen und diese in einen Zustand fürsorglicher Belagerung versetzen. Zwar wird niemand diesen Eltern vorhalten wollen, dass sie sich so selbstlos für das Lebensglück ihrer Kinder engagieren. Dennoch sollten wir uns nicht mit ihrer protektionistischen Omnipräsenz abfinden. Diesem relativ jungen Phänomen stehen Eltern gegenüber, die mit ihren eigenen Problemen überfordert sind und sich deshalb nur unzulänglich um die eigenen Kinder kümmern. Statt durch Omnipräsenz glänzen sie in den Sprechstunden oder bei den Elternabenden durch Abwesenheit, was den Dialog mit ihnen umso schwerer macht.

Solche Klagen sind in Lehrerkreisen durchaus populär. Aber nur ganz selten wird gefragt, **wodurch diese Ausschläge des Elternverhaltens begründet sein könnten.** So wird den bildungsaktiven Eltern vorgeworfen, sich in einen regelrechten Förderwahn hineinzusteigern. Aber niemand fragt, was sie denn dazu veranlasst, ihre Kinder in die Obhut eines Lernberaters, einer Logopädin oder eines Psychotherapeuten zu geben. Offensichtlich sind sie enttäuscht, wie wenig die Schule mit den Potenzialen ihrer Kinder anfangen kann und wie unambitioniert diese an unseren Regelschulen gefördert werden. Andererseits mögen auch diejenigen Eltern ihre Gründe haben, die schon lange vom Radar pädagogischer Aufmerksamkeit verschwunden sind: Vielleicht belastet sie seit ihrer eigenen Schulzeit eine Schwellenangst, die sie vor dem Besuch bspw. eines Elternabends zurückschrecken lässt. **Es fehlt also an einem ehrlichen Austausch über die wechselseitigen Ansprüche und Vorbehalte.** Und dieser Mangel dürfte sich auch im Aufschrei der frustrierten Grundschullehrerin niedergeschlagen haben.
Dazu kommt, dass sich Schule und Elternhaus **gegenseitig zunehmend die Verantwortung für die Kinder zuschieben**, quasi als wechselseitiges „Outsourcing": So erwartet die Schule von den Eltern eine aktive Rolle bei der Erledigung der Hausarbeiten, der Vorbereitung auf Klassenarbeiten oder beim Nachholen versäumter Stoffmengen in den Ferien. Mütter und Väter sollen einspringen, wenn der Stoff nicht verstanden wurde oder in der Schule keine Zeit zum Üben bleibt. Nicht wenige Eltern fühlen sich hier als Nachhilfelehrer ausgenutzt. Umgekehrt werden der Schule manche Aufgaben aufgebürdet, die früher zur Erziehungskultur der Elternhäuser gehört haben: So lernen viele Kinder erst in der Grundschule jene elementaren Kulturtechniken, die sonst zu Hause eingeübt wurden – von den obligatorischen Hygieneregeln bis hin zu den wichtigsten Tischmanieren.

Damit das Verhältnis von Eltern und Lehrern nicht länger durch übertriebene Erwartungen und unberechtigte Vorurteile belastet ist, sollten beide Seiten miteinander ins Gespräch kommen. Wie andere vergleichbare Konflikte ist auch die Auseinandersetzung zwischen Eltern und Lehrern oft **durch einen Mangel an Kommunikation begründet**. Es wäre hilfreich gewesen, wenn die Kollegin Heubusch die Eltern ihrer Klasse nicht nur angeschrieben, sondern sich mit ihnen bei einem Elternabend über das bevorstehende Schullandheim ausgetauscht hätte. Hier hätte sie klarstellen können, dass sie sich nicht als Nanny der Schüler versteht, und so übersteigerten Ansprüchen einen Riegel vorschieben können. Eltern und Lehrer profitieren davon, wenn der **gemeinsame Erziehungsbeitrag im Rahmen einer verbindlichen Arbeitsteilung geregelt** wird. In diesem Sinne

- ➔ könnte an der Schule das Amt eines **Elternanwalts** eingerichtet werden. Er unterstützt ausländische Eltern dabei, sich im Labyrinth des Schulrechts zurechtzufinden und den Lehrkräften unbefangen gegenüberzutreten.
- ➔ könnten pädagogische und organisatorische Detailfragen jeweils durch ein **Klassenforum** geregelt werden, dem die Klassenlehrerin und ihr Stellvertreter, die gewählte Klassenpflegschaft sowie die beiden Klassensprecher angehören.
- ➔ könnte die Schule ein **eigenes Hausaufgabenheft** einführen oder die Schüler zur Anlage eines Verwaltungs-Portfolios anhalten. Hier sollte den Botschaften zwischen der Klassenlehrerin und den Eltern viel Raum gegeben werden.
- ➔ könnten die Eltern einmal im Halbjahr um ein **Feedback** gebeten werden. Nur so können diese der Klassenlehrerin rückmelden, wie ihre pädagogische Arbeit von ihnen wahrgenommen wird und bei ihnen ankommt.
- ➔ könnte in einer **Schulverfassung** festgelegt werden, wie Schüler, Eltern und Lehrer an der gemeinsamen Entscheidungsfindung beteiligt werden können.
- ➔ könnten die Erziehungsberechtigten im Rahmen eines **Elternvertrags** aushandeln, wie stark sie sich in die Arbeit der Schule einmischen wollen und welche Verhaltensstandards in den Familien eingefordert werden.

Im Zusammenhang mit solchen Vorhaben wird deutlich, wie groß der Gesprächsbedarf auf beiden Seiten ist. So geht es letztlich weniger um die Kritik oder Zustimmung, die ein Feedback der Eltern zutage fördert, sondern um die Schlussfolgerungen, die von beiden Seiten daraus gezogen werden. Und so zählt weniger der genaue Wortlaut eines Elternvertrags, sondern die Diskussion, die einer solchen Vereinbarung jeweils vorausgeht. Allerdings müssen wir darauf gefasst sein, dass sich ein Teil der Eltern auch dieser Auseinandersetzung entzieht, dass der von uns initiierte Dialog ganz ohne sie stattfindet. Diese Eltern lassen sich nur erreichen, wenn ihr Kontakt zur Schule nicht länger von irgendwelchen Schwellenängsten belastet ist und sie sich nicht ständig an die Enttäuschungen der eigenen Schulzeit erinnert fühlen. Oft können die Kinder als Türöffner helfen und ihren Eltern über manches Vorurteil und manche Verlegenheit hinweghelfen.

Tipp

Beginnen Sie das neue Schuljahr mit einem **Familien-Brunch**: Dazu sind alle Kinder Ihrer Klasse zusammen mit ihren Eltern und Geschwistern eingeladen. Die Familien der Schüler sind es auch, die diesen Brunch gemeinsam vorbereiten und zu einem kulinarischen Schaufenster unterschiedlicher Kulturen und Traditionen werden lassen. Hier werden sich auch solche Eltern wohlfühlen, die den eher verkopften Diskursen eines Elternabends nur schwer folgen können oder sich von den bildungsaktiven Eltern an den Rand gedrängt fühlen. Der Familien-Brunch ist ein eher niederschwelliges Angebot, damit das anfängliche Fremdeln vieler Eltern schließlich einer konstruktiven Zusammenarbeit weicht.

Erst solche **vertrauensbildende Maßnahmen** ermöglichen einen Austausch auf Augenhöhe, wie er z.B. in einer Klassencharta zum Ausdruck kommt, die im folgenden Abschnitt genauer dargestellt wird.

Im Sinne einer konstruktiven Erziehungspartnerschaft: Die Verantwortung von Schule und Elternhaus schriftlich fixieren

Viele Konflikte zwischen Eltern und Lehrern lassen sich entschärfen, wenn beide Seiten entsprechende **Regeln der Zusammenarbeit** vereinbaren. So kann in einer **Klassencharta** festgehalten werden, wo von den Eltern eine aktive Mithilfe erwartet wird und wo sie lieber Zurückhaltung üben sollten. Eine solche Charta nimmt aber auch die Lehrkräfte in die Pflicht: Auch sie müssen ihren Beitrag leisten, damit die Eltern ihre Kinder gut betreut wissen und auf überflüssige Einmischung verzichten. Man könnte eine solche Klassencharta auch als **wechselseitige Selbstverpflichtung** beschreiben, damit die Arbeitsteilung zwischen Schule und Elternhaus nicht durch falsche Erwartungen und unbegründete Vorbehalte belastet wird.

In jedem Fall sollten Sie die Initiative ergreifen, bevor sich die Fronten verhärtet haben. Sie könnten **beim ersten Elternabend um eine grundsätzliche Klärung bitten**, wie viel Mitarbeit und wie viel Zurückhaltung beide Seiten als sinnvoll erachten. Ordnung und Pünktlichkeit, Hausaufgaben und Umgangsformen, Kontaktaufnahme und Beschwerdepraxis – jede Seite wird spontan angeben können, wo hier ihre Schmerzgrenze verläuft. Auf dieser Basis lassen sich dann Erwartungen formulieren, die von Eltern und Lehrern gleichermaßen respektiert werden sollten. Sind diese Erwartungen konsensfähig, werden sie **im Sinne einer Selbstverpflichtung formuliert und gebündelt.** Besteht zu einzelnen Punkten Gesprächsbedarf, wird nach einem geeigneten Kompromiss gesucht. Das sollte zu schaffen sein, weil es beiden Seiten um das persönliche Wohlergehen und den schulischen Erfolg der Schüler geht. Das folgende Beispiel zeigt, welche wechselseitigen Anforderungen und Zugeständnisse in den ausformulierten Text eingehen:

Unsere Klassencharta

unterschiedliche Aufgaben – gemeinsame Verantwortung

§ 1

Die Eltern und die Lehrkräfte der Klasse 3 c verpflichten sich, im Sinne einer aktiven Erziehungspartnerschaft zusammenzuarbeiten und ihr Handeln jeweils aufeinander abzustimmen.

§ 2

Die Eltern bekennen sich zu ihrer Aufgabe, die Kinder bei der Bewältigung des Alltags zu unterstützen und dabei vor allem auf Gesundheit, Hygiene, Ernährung und Umgangsformen zu achten.

§ 3

Sie verpflichten sich darüber hinaus, ihre Kinder jeden Morgen zu wecken und mit einem Frühstück auf den Schultag einzustimmen. Dabei soll auf eine ausgewogene und gesunde Ernährung geachtet werden.

§ 4

Aufgabe der Eltern ist es, das Packen der Schultasche am Vortag zu überwachen. Die Schüler sollen allmählich daran gewöhnt werden, diesen Vorgang eigenverantwortlich zu übernehmen.

§ 5

Jedes Kind hat Anspruch auf individuelle Förderung. Die Lehrkräfte sehen sich in der Pflicht, die Eltern regelmäßig über das Förderangebot der Schule zu informieren und ihnen geeignete Maßnahmen vorzuschlagen.

§ 6

Es ist Aufgabe der Lehrkräfte, im Unterricht für eine Atmosphäre des Vertrauens und der Wertschätzung zu sorgen. So sollen die Schüler dazu ermutigt werden, Nachfragen zu stellen, Unsicherheiten zuzulassen und Fehler einzugestehen.

§ 7

Die Mitarbeit der Eltern beschränkt sich darauf, die Erledigung der Hausaufgaben zu beaufsichtigen und zu kontrollieren. Eine fachliche Mithilfe würde jede ehrliche Rückmeldung verhindern und eine Gleichheit der Chancen verzerren.

§ 8

Die Lehrkräfte nutzen das Hausaufgabenheft oder das Verwaltungs-Portfolio, um die Eltern über pädagogische Anliegen oder organisatorische Planungen zu informieren. Die Eltern werfen regelmäßig einen Blick in das Hausaufgabenheft, um sich auf dem Laufenden zu halten.

§ 9

Die Eltern treten mit den Lehrkräften in Kontakt, indem sie ihnen eine E-Mail zukommen lassen oder mit ihnen einen Sprechtermin vereinbaren. Sie verzichten auf zusätzliche Besuche in der Schule und auf jede Form einer telefonischen Kontaktaufnahme.

§ 10

Kritik ist eine wichtige Hilfe für die Unterrichtsentwicklung und deshalb immer willkommen. Sie wird den Lehrkräften gegenüber direkt geäußert oder diesen über die Klassenelternsprecher zur Kenntnis gebracht. Nur diese sind befugt, mögliche Beschwerden an die Schulleitung weiterzuleiten.

Frau Heubusch ist von den übersteigerten Ansprüchen der Eltern sichtlich genervt. Mit einer Klassencharta hätte sie rechtzeitig gegensteuern und solche Auswüchse von vornherein verhindern können. So hätte sich hier vereinbaren lassen, dass die Kinder schon im Elternhaus an die Praxis der Mundhygiene oder an den Konsum laktosefreier Produkte gewöhnt werden – und dass dafür nicht die Klassenlehrerin in Anspruch genommen wird. Je mehr Selbstständigkeit den Kindern zugetraut wird, desto weniger muss sich die Klassenlehrerin in die Pflicht nehmen lassen. Denn auch noch so besorgte Eltern werden nicht zulassen wollen, dass alles an der Klassenlehrerin hängen bleibt.

Kapitel 4

„Diese Schulleitung und diese Kollegen machen mir das Leben schwer.“

Als Lehrer sind wir ständig von lebendigen, unruhigen und oft anstrengenden Kindern umgeben. Und doch droht uns die Gefahr einer völligen Vereinsamung. Schließlich haben wir niemanden, der uns im Klassenzimmer über die Schulter schaut, der uns bei den Korrekturen unterstützt oder mit dem wir uns in kniffligen Situationen beraten. Hier sind wir wirklich ganz auf uns gestellt, haben wir uns als Einzelkämpfer durchzuschlagen. Diese professionelle Vereinsamung dürfte auch schuld daran sein, dass sich so viele Lehrkräfte erschöpft und ausgebrannt fühlen. Seit den 1960er-Jahren wird deshalb versucht, die Stimmungslage im Lehrerzimmer durch kollegiale Strukturen und gemeinschaftliche Aktivitäten zu heben: Seitdem wird jüngeren Kollegen ein erfahrener Mentor zur Seite gestellt, organisieren sich die Lehrkräfte in Fachgruppen, Klassenteams und Projektinitiativen, ersetzt eine kollegiale Führungsmannschaft den scheinbar allmächtigen Schulleiter. Niemand wird diese Entwicklung zurückdrehen wollen. Und doch zeigt sich, dass es in jedem Team „menschelt" und dass die vielfach beschworene Kollegialität nicht dauerhaft gegen Neid, Eifersucht und so manche Hinterhältigkeit gefeit ist.

Offensichtlich bleibt uns Lehrern letzten Endes doch nur die Wahl, entweder in unseren Klassenzimmern zu vereinsamen oder uns den vielfältigen Erscheinungsformen kollegialer Missgunst auszusetzen. Für Arthur Schopenhauer sind mit diesem Schicksal nicht nur wir Lehrer gestraft, sondern wir müssen dieses Los vielmehr mit allen Menschen teilen: *„Man hat in der Welt nicht viel mehr als die Wahl zwischen Einsamkeit und Gemeinheit."* Beide Alternativen verheißen nichts Gutes. Und tatsächlich sind manche Lehrer über ihr Eremitenleben im Klassenzimmer genauso unglücklich wie über die vielen kleinen Gemeinheiten, denen sie in Kollegium und Lehrerzimmer ausgesetzt sind.

Inzwischen wissen wir: Kooperative Strukturen allein machen aus sauertöpfischen Einzelgängern noch keine glücklichen Teamarbeiter. Denn solche Strukturen müssen jeweils durch eine kollegiale Kultur mit Leben erfüllt werden: Durch regelmäßige Mitarbeitergespräche, durch wechselseitige Hospitationen, durch rotierende Verantwortlichkeiten, durch arbeitsteilige Projekte, durch kollektive Vereinbarungen. Auch Lehrkräfte sind nur ziemlich beste Kollegen. Es bedarf deshalb entsprechender Formen, Absprachen und Rituale, damit sich die von Schopenhauer beschriebenen Gemeinheiten reduzieren oder wenigstens leichter ertragen lassen.

Unter Einzelkämpfern

Karin Schmitt-Rohr (43), *Lehrerin an einer Realschule*

Unter den Lehrkräften meiner Schule herrscht ein freundlicher Umgangston: Man grüßt sich beim Betreten des Lehrerzimmers, wechselt beim Treffen auf dem Lehrerparkplatz ein paar belanglose Worte und erkundigt sich regelmäßig nach dem werten Befinden. Solche Höflichkeiten können allerdings nicht darüber hinwegtäuschen, dass sich unser Kollegium aus lauter Einzelkämpfern zusammensetzt und dass wir nicht wirklich an einem Strang ziehen. So kommt es eher selten vor, dass Arbeitsblätter und Klassenarbeiten ausgetauscht werden. Ein Gespräch über den Umgang mit schwierigen Schülern findet nur in Ausnahmfällen statt. Und erst recht traut sich keiner, den Kollegen seine Probleme mit Ordnung und Disziplin offenzulegen. Man hat den Eindruck: Hier macht jeder sein Ding und ist schon zufrieden, wenn er von den anderen in Ruhe gelassen wird.

Dieses Einzelkämpferdasein nimmt zuweilen groteske Formen an: Da kommt es schon einmal vor, dass eine Kollegin nach Unterrichtsschluss das Klassenzimmer aufräumt – weil niemand mitbekommen soll, welches Chaos ihre Klasse in der letzten Stunde hinterlassen hat. Oder da werden die Schüler der Parallelklasse regelmäßig ausgequetscht, wie weit sie mit dem aktuellen Lernstoff gekommen sind – statt dass dazu der zuständige Fachkollege befragt wird. Dabei sollten wir Lehrkräfte uns doch als ein Team verstehen und dieses Gemeinschaftsgefühl sollte auch nach außen sichtbar werden. Nur so lässt sich verhindern, dass wir Lehrer uns gegenseitig Konkurrenz machen. Und nur so kann vermieden werden, dass wir von den Schülern und Eltern gegeneinander ausgespielt werden. In unserem Kollegium herrscht deshalb schon längst ein Klima der Missgunst und des Futterneids. Dadurch geht viel Energie verloren – und diese Energie wäre eigentlich nötig, um der immer schwierigeren Situation im Klassenzimmer standzuhalten. Ich bin nun einmal nicht zum Einzelkämpfer geboren und kann mir deshalb kaum vorstellen, dieses Eremitendasein ein ganzes Lehrerleben lang durchzustehen.

Dass wir Lehrer **zu einem Dasein als Einzelkämpfer verdammt** scheinen – das weiß jeder, der sich für diesen Beruf entscheidet: Wir stehen ganz allein vor der Klasse, sind bei der Unterrichtsvorbereitung auf uns selbst gestellt und müssen bei Elterngesprächen ohne kollegialen Beistand auskommen. Viele Lehrkräfte haben sich mit dieser Situation arrangiert, können ihr sogar etwas Positives abgewinnen. Immerhin verschont uns die unfreiwillige Isolation davor, ständig beobachtet oder gar kontrolliert zu werden. So sagen 62% der Lehrkräfte von sich: „In den Unterricht redet mir niemand hinein."[16] Diese **vermeintliche Unabhängigkeit** der Lehrenden aber ist teuer erkauft: Es ist niemand da, von dem wir ein regelmäßiges Feedback zu erwarten hätten. Und es bietet sich niemand an, mit dem wir uns in schwierigen Situationen beraten könnten. Manche Lehrkräfte vergleichen ihre Situation deshalb mit der von Alleinerziehenden – weil sie sich ohne den Austausch mit einem Partner allein gelassen und verunsichert fühlen.

Die Selbstisolation der Lehrkräfte ist **strukturell begründet**. Sie wird aber **durch diffuse Ängste und Vorurteile noch verstärkt**. So haben viele Kollegen Angst vor einer Öffnung ihres Unterrichts und vor einer engeren Zusammenarbeit mit anderen Lehrkräften. Sie haben ein Problem damit, wenn

- ➔ sie sich einem Kollegen mit all ihren Unsicherheiten, Schwächen und Marotten offenbaren sollen.
- ➔ sie sich dazu bekennen müssen, mit den Disziplinlosigkeiten ihrer Schüler überfordert zu sein.
- ➔ sie mancher schrulliger Gewohnheiten und mancher fragwürdiger Praktiken überführt werden.
- ➔ sie sich in die Zeit ihrer Ausbildung und in längst verdrängte Prüfungssituationen zurückversetzt fühlen.

Solche Ängste machen es vielen Lehrkräften schwer, sich auf gemeinsame Projekte oder gar auf gegenseitige Unterrichtsbesuche einzulassen. Lieber ziehen sie sich in ihr Schneckenhaus zurück – und sei es um den Preis einer pädagogischen Monadenexistenz.

Dabei wäre die **Arbeit im Team die Voraussetzung** dafür, professionelle Fehlentwicklungen zu erkennen und sich neuen Herausforderungen zu stellen. Nach vielen Dienstjahren stellt sich bei den meisten Lehrern eine gewisse Betriebsblindheit ein, die sich nur durch solche kollegialen Anstöße aufhellen ließe. Darüber hinaus kann die **pädagogische Weiterentwicklung der Schule** nur gelingen, wenn sie im Team geleistet wird und wenn daran das ganze Kollegium beteiligt ist. Wo auch immer offene Unterrichtsformen, zusätzliche Förderangebote oder inklusive Lernkonzepte erprobt werden sollen – immer müssen alle Lehrkräfte einer Schule an einem Strang ziehen. Denn pädagogische Innovationen greifen nur, wenn sie vom ganzen Kollegium mitgetragen werden. Wer hier als Einzelkämpfer antritt, wird schon bald vor den eigenen Unzulänglichkeiten kapitulieren müssen.

Die Arbeit im Team gestaltet sich weniger bedrohlich als von den meisten befürchtet. Allerdings **muss erst einmal Vertrauen wachsen**, wenn aus den Einzelkämpfern im Lehrerzimmer wirkliche Teamplayer werden sollen. Dazu können auch Sie Ihren Beitrag leisten. So sollten Sie auch zu jenen Lehrkräften Kontakt halten, die nicht zu Ihrem unmittelbaren Freundeskreis zählen. Und so **haben**

alle Kollegen Anspruch auf Wertschätzung, die sich innerhalb und außerhalb des Klassenzimmers besonders engagieren.
Darüber hinaus wächst das Vertrauen vieler Kollegen in das Prinzip der kooperativen Arbeit,

- ➔ wenn sie sich regelmäßig mit anderen Lehrkräften über die Situation ihrer Klassen und über die Probleme einzelner Schüler austauschen.
- ➔ wenn sie die Klassenfahrten und Wandertage jeweils zusammen mit einem Kollegen organisieren.
- ➔ wenn sie mit anderen die selbst produzierten Arbeitsblätter und Unterrichtsmaterialien austauschen.
- ➔ wenn sie die anstehenden Klassenarbeiten im Team vorbereiten, entwerfen, korrigieren und evaluieren.
- ➔ wenn sie sich bei der Unterrichtsplanung mit anderen Lehrkräften ihrer Klasse oder ihres Fachs abstimmen
- ➔ wenn sie Klassen- und Jahrgangsteams bilden, um gemeinsame Projekte zu planen und pädagogische Probleme kollegial anzugehen.

Solche Kooperationsformen gehören an vielen Schulen längst zum Alltag von Unterricht und Schulleben. Hier haben die Lehrkräfte ihr Eremitendasein also längst aufgegeben. So ist es für 66 % der Lehrkräfte gängige Praxis, ihre Arbeitsblätter und andere Unterrichtsmaterialien untereinander auszutauschen. 51 % verständigen sich im Kollegenkreis auf gemeinsame Ziele der pädagogischen Arbeit. Und 48 % halten sich im kollegialen Diskurs über die Leistungsentwicklung der Schüler auf dem Laufenden.(17)

Solche ersten Ansätze einer kollegialen Zusammenarbeit sind notwendig, um vertrauensvoll miteinander umzugehen und die **anderen Lehrkräfte nicht länger als Konkurrenten, sondern als Partner** zu erleben. Erst auf einer solchen Vertrauensbasis fühlen sich viele Kollegen ermutigt, anderen Lehrkräften einen Zutritt zum Allerheiligsten zu gewähren – und das ist nun einmal der Unterricht. Dabei sind gegenseitige Unterrichtsbesuche ein unverzichtbarer Beitrag, um eingefahrene Gewohnheiten infrage zu stellen und scheinbare Sicherheiten aufzubrechen.
Durch das Prinzip der **kollegialen Hospitation** ist gewährleistet, dass diese Unterrichtsbesuche verbindlichen Regeln folgen und dass sie nachhaltig wirksam sind. Tipps, wie dies gelingen kann, finden sich im nächsten Abschnitt.

Weil wir nichts zu verbergen haben: Gegenseitige Unterrichtsbesuche organisieren

Den größten Teil unseres Arbeitslebens verbringen wir im Klassenzimmer. Hier müssen wir deshalb auch ansetzen, wenn wir uns beruflich weiterentwickeln wollen. Dabei hilft uns das Feedback, das wir regelmäßig von unseren Schülern einfordern. Dabei helfen uns aber auch die Beobachtungen der Kollegen, die uns **eine ganz andere Sicht auf unseren Unterricht** vermitteln. An vielen Schulen möchte man eine solche Rückmeldung nicht dem Zufall überlassen. Deshalb bilden hier zwei oder drei Lehrkräfte jeweils ein Team, das sich regelmäßig gegenseitig im Unterricht besucht und diese Hospitationen gemeinsam auswertet.

Mit der kollegialen Hospitation sind allerdings manche **Ängste und Beklemmungen** verbunden. Schließlich hat es niemand gern, wenn man ihm in die Karten schaut. Auch Ihnen dürfte es nicht gleichgültig sein, was die hospitierenden Kollegen über die Praxis Ihres Unterrichts herausfinden und welche Informationen dazu im Kollegium gestreut werden. Deshalb sollten Sie sich nach einem Kollegen umschauen, der **ehrlich genug** ist, um Sie mit seiner Unterrichtskritik zu konfrontieren – der **aber auch loyal genug** ist, um seine Beobachtungen für sich zu behalten. Nur mit solchen **„critical friends“** lässt sich eine kollegiale Hospitation überhaupt durchführen. Dafür kommen Lehrkräfte infrage, die vergleichbare Fächer unterrichten, die sich bei ihrer Arbeit von denselben Grundsätzen leiten lassen oder die sich in einer ähnlichen Situation ihrer beruflichen Laufbahn befinden. Solche Gemeinsamkeiten können genauso wichtig sein wie eine gewisse Distanz zwischen den Hospitationspartnern. Wenn Sie sich nämlich mit Ihrer besten Freundin zu wechselseitigen Unterrichtsbesuchen verabreden, kann das oft im Desaster enden: Entweder nimmt Ihnen diese die eine oder andere Kritik übel – dann ist Ihre Freundschaft ernsthaft gefährdet. Oder sie verschont Sie aus persönlicher Sympathie vor solchen Wahrheiten – dann sind solche Hospitationen gänzlich wertlos.

Oft sind es einzelne Lehrkräfte, die ihr Einzelkämpferdasein aufgeben und sich zu gegenseitigen Unterrichtsbesuchen verabreden. Ein Glücksfall aber wäre es, wenn sich ein ganzes Kollegium auf die Bildung solcher Hospitationsteams verständigen könnte. Denn dann wäre die **kollegiale Hospitation ein Projekt der ganzen Schule**. In diesem Fall sollte am Beginn der Hospitationsphase ein gemeinsamer **Fortbildungstag** stehen: Hier können die Kollegen von den guten Erfahrungen anderer Schulen profitieren, können sie sich aber auch in Gesprächsführung und Feedback-Methodik fit machen. Im Rahmen eines solchen Fortbildungstages sollten aber auch ganz konkrete Absprachen stehen: Wann soll mit den Hospitationen begonnen werden? Wie oft finden die gegenseitigen Unterrichtsbesuche statt? Über welchen Zeitraum soll sich das gesamte Projekt erstrecken? Welche stunden-

plantechnischen Regelungen sind dafür notwendig? Wie sollen die Beobachtungen aufbereitet werden? Wie lassen sich die Ergebnisse des Projekts evaluieren?
In einem ersten **Vorbereitungsgespräch** klären die Beteiligten, unter welchen Kriterien der Unterricht beobachtet und protokolliert werden soll. Das Ergebnis sollte ein **Kriterienkatalog** sein, der von beiden Seiten als verbindlich anerkannt wird und auf die pädagogischen Überzeugungen der beteiligten Lehrkräfte zugeschnitten ist. Für jedes Hospitationsteam sollten deshalb eigene Beobachtungskriterien ausgehandelt werden.

Kriterienkatalog für unsere kollegiale Hospitation

Beobachtungsaspekte	Beobachtungskriterien
Organisation	▪ Gestaltung des Lernumfeldes ▪ Verfügbarkeit der Unterrichtsmaterialien ▪ Handhabung der Medien und der technischen Mittel ▪ Gestaltung des Lerntempos ▪ Einsatz der klasseninternen Dienste
Inhalte	▪ Lebensnähe und Aktualität des Stundenthemas ▪ Strukturierung des Lernstoffs ▪ sichere Beherrschung der Inhalte ▪ altersgemäße Aufbereitung ▪ Einbeziehung interdisziplinärer Aspekte
Methoden	▪ Methodenauswahl und Methodenwechsel ▪ Angebote zur Binnendifferenzierung ▪ Spielräume für Schüleraktivitäten ▪ Anteil kooperativer Arbeitsformen ▪ verständliche Anweisungen
Kommunikation	▪ Redeanteile von Lehrer und Schülern ▪ Verständlichkeit und Artikulation ▪ Umgang mit Fragen und Antworten der Schüler ▪ ausgewogenes Verhältnis von Lob und Kritik ▪ Handhabung von Unterrichtsstörungen
Lehrerrolle	▪ Auftreten und Persönlichkeit ▪ sprachliche, mimische und gestische Eigenarten ▪ Bereitschaft zum Rollenwechsel ▪ Beziehung des Lehrers zu den Schülern ▪ Eingehen auf individuelle Befindlichkeiten der Schüler

Es versteht sich von selbst, dass den hospitierenden Kollegen keine Schaufensterstunden präsentiert werden, sondern dass Sie ihnen in Ihren Stunden den **pädagogischen Normalfall** bieten. Dabei hält der Hospitationspartner seine Beobachtungen in einem **Protokoll** fest, an dem sich später die **gemeinsame Nachbereitung** der besuchten Unterrichtsstunden orientiert. Ein Ergebnis der Nachbereitung könnte sein, dass Sie manche Eigenarten Ihres Unterrichts abstellen oder dass Sie die eine oder andere Neuerung ausprobieren. In weiteren Unterrichtsbesuchen kann dann überprüft werden, ob solche Korrekturen auch wirklich greifen. Dabei sind Sie auf den kritischen Blick, aber auch auf das kollegiale Verständnis Ihres Partners angewiesen. Denn ob eine Weiterentwicklung des Unterrichts gelingt – dafür sind beide Partner in gleicher Weise verantwortlich.

Ein Kollegium im Kriegszustand

Sonja Kaltenbach (40), *Lehrerin an einem Gymnasium*

Wer sich in das Lehrerzimmer unserer Schule vorwagt, betritt militärisches Sperrgebiet. Hier herrscht schon seit vielen Jahren ein kriegsähnlicher Zustand. Durch das Kollegium zieht sich eine unsichtbare Demarkationslinie, an der sich zwei Fraktionen spinnefeind gegenüberstehen. Schon dem Neuling fällt auf, dass beide Gruppen ihre Claims innerhalb des Lehrerzimmers abgesteckt haben und hier ihre territorialen Ansprüche geltend machen. Wer sich an einem bestimmten Tisch niederlässt, wird automatisch der entsprechenden Fraktion zugeschlagen. So kommt es, dass neue Lehrkräfte schon nach kurzer Zeit von der einen oder anderen Gruppe vereinnahmt werden. Sichtbar wird die Spaltung des Kollegiums auch in der Lehrerkonferenz. Diese gestaltet sich für beide Fraktionen als ein Stellungskrieg, in dem altbekannte Positionen aufeinanderprallen und das Klima durch eingespielte Animositäten belastet ist. Hier werden Diskussionen nicht geführt, um sich auf ein gemeinsames Vorgehen zu verständigen – sondern ganz allein, um sich noch einmal der vertrauten Vorbehalte zu vergewissern. Nach so vielen Jahren Nahkampfpraxis vermag keiner mehr zu sagen, was diese unversöhnliche Feindschaft ausgelöst hat. Der Anlass des kollegialen Kleinkriegs verschwindet im Dunkel der Erinnerung – so wie sich seine Befriedung in diffusen Projektionen verliert. Die Wunden aber brechen immer wieder auf und belasten den Alltag von Unterricht und Schulleben:
Da werden Projekte, die von einer Fraktion initiiert wurden, von der Gegenseite konsequenterweise sabotiert. Und da werden die Entscheidungen einer Zufallsmehrheit von der gegnerischen Fraktion ohne jede Erklärung boykottiert.

Ich bin an die Schule gegangen, um hier junge Menschen für eine friedliche Gestaltung unserer Welt zu rekrutieren. Gelandet aber bin ich auf einem Schlachtfeld kollegialer Nachstellungen, die sich über die Jahre hinweg immer mehr verhärtet haben. Unter diesen Bedingungen aber will und kann ich nicht weitermachen. Ob ich mich für einen Schulwechsel entscheide, ob ich einfach einmal eine Auszeit nehme oder mich lieber gleich um eine Frühpensionierung bemühe – solche Aussichten erscheinen mir immer noch erträglicher, als das fortgesetzte Säbelrasseln im Kollegium noch länger mitzumachen.

Es kommt immer wieder vor, dass ein Lehrerkollegium in zwei feindliche Lager zerfällt und dass dieser Zustand über viele Jahre hinweg anhält. In diesem kriegsähnlichen Szenario wird auch von neu eingetretenen Lehrkräften erwartet, sich nicht neutral zu verhalten, sondern für die eine oder andere Fraktion Partei zu ergreifen. Dabei sind es immer wiederkehrende Anlässe, die zu einer solchen **Spaltung des Kollegiums** führen. So kann es vorkommen, dass

- ➔ sich die Alteingesessenen mit den Neulingen um Pfründe und Erbhöfe streiten. Hier geht es nur noch darum, wer im Kollegium etwas zu sagen und wer über den Kurs der Schule mitzubestimmen hat.
- ➔ die Klassenlehrer mit den Fachlehrern im Clinch liegen. Die einen fühlen sich von den anderen nicht ausreichend unterstützt und fürchten, dass die Schüler das ausnutzen.
- ➔ sich die Neuerer und die Traditionalisten im Kollegium verfeindet gegenüberstehen. Beide Gruppen vertreten unterschiedliche Erziehungsprinzipien, was unentwegt zu Reibereien führt.
- ➔ sich die aufstiegsorientierten Lehrkräfte dem Misstrauen der weniger ambitionierten Kollegen ausgesetzt sehen. Die einen fühlen sich zu Höherem berufen, die anderen mit undankbaren Aufgaben abgestellt.
- ➔ die Schulleitung von einem Teil der Lehrerschaft unterstützt und von einem anderen Teil abgelehnt wird. Hier scheint zwischen Günstlingen und Verweigerern kein Konsens mehr möglich.

Solche Spannungen haben oft eine lange Geschichte. Und sie sind in vielen Fällen das **Ergebnis mangelhafter Kommunikation**. Tatsächlich fehlen uns Lehrern die notwendigen Zeitfenster, um miteinander ins Gespräch zu kommen und dabei mögliche Streitpunkte frühzeitig auszuräumen. Der flüchtige Kontakt in der Kaffeeküche oder das kurze Gespräch beim Stundenwechsel sind wohl kaum geeignet, solche kommunikativen Defizite auszugleichen. Dazu wären regelmäßige und ausführliche Diskussionen im kleinen Kreis notwendig, die aber fast überall dem Diktat des Stundenplans zum Opfer fallen – und für die es oft auch an geeigneten Orten fehlt. Werden einem Kollegium aber solche internen Diskurse vorenthalten, summieren sich die alltäglichen Konflikte bald zu einer kriegsähnlichen Gefechts-

lage. Und diese ist dann nicht mehr mit ein paar höflichen Floskeln oder einigen netten Gesten aus der Welt zu schaffen.
Besonders gefährdet sind auch solche Kollegien, in denen die **Zusammenarbeit der Lehrkräfte** keinen verbindlichen Regeln folgt. Hier begünstigt ein solcher Zustand der **Regellosigkeit** bald einen Wildwuchs der Verhaltensweisen, der scheinbar banale Konflikte ausufern lässt und immer neue Verhärtungen nach sich zieht. Viele halten es für überflüssig, dass sich ein ganzes Kollegium ein Leitbild gibt oder dass die Schulverfassung auch den Umgang der Kollegen untereinander regelt. Im Konfliktfall zeigt sich aber, wie wichtig solche Spielregeln eines kollegialen Miteinanders für den pädagogischen Alltag sind.

So zerrüttet sich die Situation eines Kollegiums auch immer darstellt – eine Schließung der Schule oder ein Austausch der Lehrkräfte kommen für eine Befriedung des täglichen Kleinkriegs nicht infrage. Deshalb muss eine Lösung immer unter Einbeziehung aller Betroffenen gesucht werden. Dabei besteht die Möglichkeit, die Hilfe eines professionellen **Mediators** in Anspruch zu nehmen. Oft bedarf es der Außensicht eines neutralen Vermittlers, um die Fraktionierung eines ganzen Kollegiums aufzuweichen und die hier üblichen Grabenkämpfe gemeinsam aufzuarbeiten. Bewährt hat sich auch, die für das Funktionieren des Schulbetriebs unerlässlichen **Sonderaufgaben und Funktionen** jeweils **auf Zeit** zu vergeben. Dadurch lässt sich die Verteilung von Zuständigkeiten im Rotationssystem regeln und manche Eifersüchtelei unterbinden. Nachahmenswert erscheint auch die Praxis eines Bayerischen Gymnasiums, an dem die Lehrer jeweils eine **„Zeit für Lehrkräfte“ (ZfL)** beantragen können. Hier muss im Stundenplan ein entsprechendes Zeitfenster geräumt werden, damit sich alle Lehrkräfte einer Klasse treffen und aktuelle Probleme ausdiskutieren können.[18] Schließlich kann mit der Bildung von **Klassen- und Jahrgangsteams** verloren gegangenes Vertrauen wieder aufgebaut, können die feindlichen Stellungen im Geiste eines neuen Miteinanders allmählich geräumt werden. Diese Möglichkeit wird im folgenden Abschnitt näher erläutert.

Kollegialität in einem überschaubaren Format: Klassen- und Jahrgangsteams bilden

Die von Frau Kaltenbach beobachteten Grabenkämpfe sind vor allem an Schulen mit vielen Lehrkräften und mit einem großen Kollegium zu beobachten: Hier will sich kaum einer vor der Gesamtkonferenz in Szene setzen – was zur Folge hat, dass die Diskussion auf einige wenige Wortführer beschränkt bleibt. Deshalb überwiegt hier der zugespitzte Diskurs, der oft auf eine gewisse Polarisierung hinaus läuft. Deshalb ist es sinnvoll, neben der Lehrerkonferenz der Schule **kleine und überschaubare Konferenzformate** anzubieten. Hier kann sich jeder einbringen, hier ist Raum für Zweifel und Zwischentöne. Wenn die Lehrerschaft in ihrer Gesamtheit nicht zu befrieden ist, sollte sich das kollegiale Miteinander zumindest in überschaubaren Gremien praktizieren lassen.

Das **Jahrgangsteam** lebt vom Reiz der kleinen Form. Hier findet eine Kommunikation statt, an der sich jeder beteiligen kann und durch die sich die Sprachlosigkeit einer Mammutkonferenz überwinden lässt. Solche Jahrgangsteams sollten da gebildet werden, wo die Kollegen bevorzugt in den Klassen eines bestimmten Jahrgangs eingesetzt sind und wo die Lehrkräfte mit den Schülern von Jahr zu Jahr „hochwachsen“. An manchen Schulen sind die Klassen eines bestimmten Jahrgangs in benachbarten Räumen untergebracht. Hier verfügt das Jahrgangsteam in der Regel über einen gemeinsamen **Lehrerstützpunkt**, was der internen Kommunikation nur guttun kann. Zu einem solchen Jahrgangsteam gehören in der Regel

➔ die Klassenlehrerin und ihr Stellvertreter, die einen Jahrgang bis zur Abschlussprüfung begleiten und untereinander mehrfach rotieren.
➔ die Fachlehrer, die in einem bestimmten Jahrgang besonders häufig eingesetzt sind, hier also einen Schwerpunkt ihrer Unterrichtsaktivität haben.
➔ die Lehrkräfte für Religion, Kunst, Musik oder Sport, die sich einem Jahrgang besonders verbunden fühlen und das Team als ihre „home-group“ betrachten.

Jedes Jahrgangsteam **tagt einmal in der Woche**. Es wählt aus seiner Mitte einen Sprecher, der damit auch der Teamsprecherkonferenz der Schule angehört. In jeder Sitzung übernimmt ein anderer Kollege die Sitzungsleitung, wie auch jeweils ein anderer Lehrer für das Protokoll verantwortlich zeichnet. Für die Teilnahme an den Teamsitzungen kann jede Lehrkraft mit einer Entlastungsstunde rechnen.

Immer mehr Schulen entscheiden sich für die Einrichtung solcher Jahrgangsteams, weil sie damit die **kommunikativen Defizite des Schulbetriebs kompensieren** wollen. Hier kann niemand dem anderen aus dem Weg gehen, muss sich niemand durch Nichtbeachtung gestraft fühlen. Darüber hinaus können sich die Lehrkräfte innerhalb des Teams auf die Grundsätze ihrer pädagogischen Arbeit verständigen oder geplante Klassenarbeiten oder Projekte miteinander abstimmen. Außerdem können hier zahlreiche Aktivitäten – wie die Ausrichtung eines Elternabends oder die Planung eines Werktags – arbeitsteilig organisiert werden, sodass sich der Aufwand für den einzelnen Kollegen spürbar verringert. Nicht zuletzt können viele administrative Aufgaben an das Jahrgangsteam delegiert werden, weil sich diese hier in einem überschaubaren Rahmen halten und damit ohne großen Aufwand abgewickelt werden können. So regelt ein Jahrgangsteam die Vergabe von Vertretungsstunden viel flexibler und viel effektiver, als das einem zentralen Stundenplanreferenten möglich wäre.

Wo eine Schule zu groß geworden ist, um noch effektiv arbeiten zu können, bietet sich der Jahrgang als eine praktikable Organisationseinheit an. Im Jahrgangsteam können deshalb viele Themen besprochen und entschieden werden, die anderswo der Lehrerkonferenz vorbehalten wären. Das zeigt sich an der folgenden Themensammlung, die den Protokollen unterschiedlicher Jahrgangsteams entnommen ist:

Alle an einem Strang

Was es in den Jahrgangsteams zu besprechen gibt

Organisation

- → Wahl der Teamsprecher
- → Verteilung der Vertretungsstunden
- → neues Raumkonzept
- → Sichtung des Medienbestands
- → Mittel aus dem Jahrgangsbudget
- → Planung der Elternabende

Schüler

- → Zugänge und Abgänge
- → versetzungsgefährdete Schüler
- → Stand der Inklusion
- → Schüler mit psychischen Problemen
- → Umgang mit Teilleistungsstörungen
- → Organisation von Fallkonferenzen

Unterricht

- → fächerübergreifendes Arbeiten
- → kooperative Arbeitsformen
- → Stand der Wochenplanarbeit
- → Arbeiten mit dem Kompetenzraster
- → Maßnahmen der individuellen Förderung
- → Organisation der Projektwoche

Pädagogik

- ➔ Rituale zum Unterrichtsbeginn
- ➔ Abstimmung des Methodentrainings
- ➔ neue Formen der Leistungsbewertung
- ➔ Maßnahmen bei Regelverstößen und Mobbing
- ➔ Klassenfahrten – Exkursionen – Wandertage

Teamentwicklung

- ➔ gemeinsamer Fortbildungstag
- ➔ arbeitsteilige Unterrichtsvorbereitung
- ➔ Bildung von Lehrer-Tandems
- ➔ Sichtungswoche vor Schuljahresbeginn
- ➔ Austausch mit Schulsozialpädagogen
- ➔ Mitarbeit in der Teamsprecherkonferenz

Vielerorts ist man noch nicht so weit, weil die organisatorischen **Voraussetzungen für die Einrichtung solcher Jahrgangsteams** fehlen. Hier verteilen sich die Lehrkräfte über sämtliche Klassen, Jahrgänge und Schulstufen – und fühlen sich schon deshalb überall zugehörig, aber nirgendwo zuständig. Und doch lässt sich auch hier einer Spaltung des Kollegiums durch die Konzentration auf kleinere Organisationseinheiten entgegensteuern. In diesem Fall ist es das **Klassenteam**, das Aufgaben der Lehrerkonferenz übernimmt und das sich den Kollegen als kommunikative Plattform anbietet. Dem Klassenteam gehören alle Lehrkräfte an, die in einer bestimmten Klasse eingesetzt sind. Ihnen wird mit diesem Konferenzformat ein organisatorischer Rahmen geboten, der sie miteinander ins Gespräch kommen lässt und viel Raum für den kollegialen Austausch bietet.

Tipp

Als Klassenlehrer sollten Sie schon vor der Erstellung des Stundenplans darauf drängen, dass **für alle Lehrkräfte Ihrer Klasse ein gemeinsames Zeitfenster** frei gehalten wird. Das ermöglicht es Ihnen später, regelmäßige Treffen anzusetzen – ohne entsprechende Vertretungen oder Stundenverschiebungen in Kauf nehmen zu müssen. Schließlich wird eine Klassenkonferenz erst durch regelmäßige Sitzungen zu einem wirklichen Team, das effektiv arbeiten kann.

Wie ein Jahrgangsteam verständigen sich die Mitglieder eines Klassenteams auf gemeinsame Grundsätze der pädagogischen Arbeit, sie stimmen ihre pädagogischen Vorhaben aufeinander ab und sorgen für eine interne Verteilung der anstehenden Verwaltungsaufgaben. Sie sollten sich deshalb bereits im Vorfeld darum bemühen, mit solchen Lehrkräften in einer Klasse eingesetzt zu werden, mit denen Sie gut klarkommen und mit denen Sie sich eine konstruktive Teamarbeit vorstellen können. So können Sie dazu beitragen, dass das bloße Nebeneinander der Fachlehrer schließlich in einer wirklichen Teamarbeit aufgeht.

Mobbing unter Lehrern

Annemarie Bauknecht (54), *Lehrerin an einer Regionalschule*

Immer wieder schildern mir Eltern die Nöte ihrer Kinder, die sich von ihren Mitschülern ausgegrenzt und unterdrückt fühlen. Ich habe solche Klagen immer sehr ernst genommen und den betroffenen Kindern viel Verständnis entgegengebracht – habe aber stets davor gewarnt, hier bereits von einem gezielten Mobbing zu sprechen. Schließlich ist nicht jeder Konflikt unter Kindern bereits Ausdruck einer solchen psychisch schmerzhaften Attacke, wird die inflationäre Verwendung dieses Begriffs dem hier geschilderten Befund nicht gerecht.

Seit ich selber zum Mobbingopfer geworden bin, denke ich darüber freilich etwas anders. Angefangen hat alles mit der Auszeit, die ich mir für die Pflege meiner kranken Mutter genommen hatte. Nach einem Jahr an die alte Schule zurückgekehrt, hatte sich meine Situation im Kollegium grundlegend geändert: Ich hatte mich damit abzufinden, dass mein angestammter Platz geräumt und ich in den hintersten Winkel des Lehrerzimmers verbannt war. Ich hatte zu akzeptieren, dass die Gespräche spontan verstummten, wenn ich die Kaffeeküche oder Lehrergarderobe betrat. Und ich hatte hinzunehmen, dass ich als Fachbetreuerin für Biologie und Chemie abgemeldet war und ich mich künftig ausschließlich um die Verwaltung der Schülerschließfächer zu kümmern hatte. Zunächst redete ich mir ein, hier handele es sich nur um ein Anpassungsproblem, wie es nach einer so langen Abwesenheit durchaus nachvollziehbar wäre. Dann aber wurde mir bewusst, dass ich als Zielscheibe eines kollegialen Mobbings ausersehen bin. Und erst allmählich zeigte sich, dass die neue Schulleiterin an diesem bösen Treiben aktiv beteiligt ist. Engagiert, weiblich, alt – durch diese soziografischen Merkmale bin ich für solche kollegialen Nachstellungen offensichtlich prädestiniert.

Von anderen Mobbingopfern weiß ich, dass sich ein solcher Psychoterror im fortgeschrittenen Stadium kaum noch aufhalten lässt. Deshalb werde ich mich demnächst wohl entscheiden müssen, ob ich mich versetzen lasse oder ob ich lieber gleich einen Antrag auf Frühpensionierung stelle. Denn einem solchen Mobbing unter Lehrern kann niemand auf Dauer standhalten – auch ich nicht.

Frau Bauknecht ist sich ganz sicher, dass hier ein Fall von Mobbing vorliegt. Und man möchte ihr gern glauben, dass sie mit diesem Begriff nicht leichtfertig umgeht. Trotzdem sollte sich die angegriffene Kollegin überlegen, ob es sich in ihrem Fall wirklich um ein **kollegiales Mobbing** handelt. Denn von Mobbing sollte nach Überzeugung von Experten nur dann gesprochen werden, wenn

- → eine Lehrkraft von einzelnen Kollegen oder von einer ganzen Gruppe angegriffen wird.
- → dabei mit Gerüchten, Lügen, Täuschungen, Schikanen, Nachstellungen und Ausgrenzungen gearbeitet wird.
- → diese Angriffe darauf gerichtet sind, die Lehrkraft herabzusetzen oder ihre Position infrage zu stellen.
- → die aggressiven Handlungen regelmäßig wiederholt werden und sich über einen längeren Zeitraum erstrecken.
- → die Attacken im Schutz einer größeren Gruppe oder aus der Anonymität heraus erfolgen.

Mit ihrem Problem steht Frau Bauknecht nicht allein: Eine aktuelle Studie ergab, dass sich 17,2 % aller Lehrkräfte gemobbt fühlen. Damit liegt die **Mobbingrate an unseren Schulen wesentlich höher als in allen anderen Branchen.** 54 % der Betroffenen gaben an, von ihrem Schulleiter gemobbt zu werden. Von Angriffen aus dem Kollegenkreis wissen 48 % der Mobbingopfer zu berichten. Demgegenüber geht von den Eltern (21 %) und von den Schülern der eigenen Klasse (16 %) eine eher geringe Gefahr aus. Auch das in der Berichterstattung immer wieder hochgespielte Cybermobbing scheint den Lehrkräften viel weniger Probleme zu bereiten als die Nachstellungen, die sie außerhalb der digitalen Welt von ihren Kollegen oder durch ihre Schulleitung zu erwarten haben.[19]
Offensichtlich verwendet man in deutschen Lehrerzimmern viel Fantasie darauf, unliebsamen Kollegen durch direkte oder indirekte Nachstellungen das Leben schwer zu machen. So sind Frau Bauknechts Erfahrungen keine Einzelfälle, sondern gehören eher zum Standardprogramm des kollegialen Mobbings. Über die von ihr geschilderten **Feindseligkeiten** hinaus müssen die Mobbingopfer innerhalb des Kollegiums damit rechnen, dass

- → der Kontakt zu ihnen eingestellt wird und dass sie von den Wortführern im Kollegium unverkennbar gemieden werden.

- ihnen gegenüber allenfalls Andeutungen gemacht werden, dass sie aber keine Gelegenheit haben, sich direkt dazu zu äußern.
- sie wenig Gelegenheit zur Meinungsäußerung haben und dass ihre Wortbeiträge von den anderen nicht ernst genommen werden.
- über sie Gerüchte im Umlauf sind, dass sie aber keine Gelegenheit zu einer Richtigstellung haben.
- ihre Mitarbeit in einem Team nicht erwünscht ist und sie unter einem Vorwand aus Arbeits- und Projektgruppen entfernt werden.
- ihre Arbeit besonders sorgfältig begutachtet wird und dass kleinere Unterlassungen wie schwere Vergehen behandelt werden.
- ihnen Aufgaben zugewiesen werden, die sonst niemand erledigen möchte und die sie in den Augen der anderen Kollegen abwerten.
- dass ihre Arbeitsmaterialien plötzlich verschwunden sind und sie ihren schulischen Pflichten deshalb nicht nachkommen können.

Nicht zu Unrecht vermutet Frau Bauknecht, dass **manche Lehrkräfte eher mobbinggefährdet sind als andere.** Dabei ist es offensichtlich von Nachteil, sich von anderen Kollegen abzusetzen und sich ihnen gegenüber zu profilieren: weil man besonders engagiert, besonders innovativ oder besonders erfolgreich ist. Gefährdet sind außerdem Lehrkräfte, die ein bestimmtes Lebensalter erreicht und es innerhalb der schulischen Hierarchie nicht weit gebracht haben. Oft setzen die Nachstellungen erst ein, wenn die Betroffenen durch die Schulleitung zum Abschuss freigegeben wurden. Für diesen Mechanismus hat sich der Begriff des **„Bossing“** eingebürgert. Und die Umfragen beweisen, dass die betroffenen Kollegen in einem solchen Mobbing von oben das eigentliche Problem sehen.

Frau Bauknecht hat das Problem, dass sie das Mobbing gegen sie erst nicht wahrhaben wollte – dass es jetzt aber viel zu spät ist, um die Serie der Übergriffe noch stoppen zu können. Betroffenen wäre deshalb schon geholfen, wenn sie rechtzeitig auf erste Symptome aufmerksam gemacht würden. Denn im **Anfangsstadium** gibt es sehr wohl Handlungsalternativen, um das sich allmählich steigernde Mobbing unter Kollegen aufzuhalten. So können alle Mobbingopfer davon berichten, dass am Anfang ihrer Leidensgeschichte immer ein Konflikt steht und dass dieser eher struktureller Natur ist: Die Alteingesessenen sehen ihren Status durch die Neulinge im Kollegium bedroht, die Konservativen wehren sich gegen den Reformeifer der pädagogischen Neuerer oder die eher Gleichgültigen sehen sich von den besonders ehrgeizigen Kollegen unter Druck gesetzt. Immer ist es die Sorge um den Erhalt des Status Quo, die solche Konflikte aufkeimen lässt. In einer **zweiten Stufe** der Entwicklung richten sich die hier losgetretenen Aggressionen gegen eine bestimmte Person: Das Mobbingopfer ist ausgemacht und wird zur Zielscheibe regelmäßiger Schikanen. In einer **dritten Phase** wird der betroffenen Lehrkraft klar, dass sich die Nachstellungen gegen sie persönlich richten. Sie reagiert darauf ebenso verunsichert wie hilflos und setzt damit einen Teufelskreis in Gang, der für alle Mobbingfälle typisch ist. Gleichzeitig nehmen die psychischen Belastungen soweit zu, dass es zu schwerwiegenden gesundheitlichen Ausfällen kommt. Wachsen sich diese zu langfristigen Erkrankungen aus, hat der Konflikt seine **vierte Stufe** erreicht. Hier greift oft der Amtsarzt ein, der den Betroffenen zu einer längeren Auszeit oder zu einem Wechsel der Schule rät. In einer **fünften und letzten Phase** des Fallverlaufs ist eine solche finale Lösung nicht mehr abzuwenden: Die Betroffenen sehen sich genötigt, eine Beendigung ihrer beruflichen Tätigkeit ins Auge zu fassen und sich dauerhaft dienstunfähig schreiben zu lassen. Zwar ist kein Mobbingfall in seinem Verlauf wie der andere – und doch ist es immer dasselbe Muster, das die Eigendynamik eines Mobbingkonflikts steuert.

Tipp

Warten Sie nicht ab, bis sich bei Ihnen erste Anzeichen eines solchen Konflikts abzeichnen. Wenn Ihnen bewusst wird, dass Sie nur noch mit Widerwillen in die Schule gehen und dass Sie auf die gegen Sie gerichteten Angriffe mit gesundheitlichen Beeinträchtigungen reagieren, kann es schon zu spät sein. Deshalb sollten Sie **regelmäßig überprüfen**, wie sich Ihr **Verhältnis zu den Kollegen** entwickelt. Wenn sich die Anzeichen von Ablehnung und Feindseligkeit häufen, sollten Sie in jedem Fall die Hilfe Dritter in Anspruch nehmen.

Wer sich von seinen Kollegen gemobbt fühlt, sollte darin kein unentrinnbares Schicksal sehen. Denn es gibt **Auswege und Alternativen**, um sich solchen Schikanen und Nachstellungen zu entziehen. Wichtigste Voraussetzung ist dabei ein ehrliches Eingeständnis der entstandenen Konfliktsituation, die sich auf Dauer nicht beschönigen, verdrängen oder wegleugnen lässt. Geholfen wäre den Angegriffenen z.B., wenn

- ➔ sie ein **Mobbing-Tagebuch** führen, in dem die vorgefallenen Schikanen ebenso dokumentiert werden wie die eigenen Belastungssymptome.
- ➔ sie Kontakte zu anderen Kollegen in einer ähnlichen Situation aufnehmen und sich z.B. einer **Selbsthilfegruppe** für Mobbingopfer anschließen.
- ➔ sie sich an die **Personalvertretung** oder an ihre **Gewerkschaft** wenden, wo ihnen weitere Hilfsangebote genannt werden.
- ➔ sie sich um eine **Mediation** bemühen und dazu z.B. den Betriebspsychologischen Dienst ihres Arbeitgebers in Anspruch nehmen.
- ➔ sie darauf drängen, dass an ihrer Schule ein entsprechender **Verhaltenskodex** verabschiedet wird („Anti-Mobbing-Konvention").

→ sie sich nach geeigneten **Fortbildungen** umsehen, wie sie speziell für Lehrkräfte in Belastungssituationen angeboten werden.
→ sie durchsetzen, dass sich ihr Kollegium einem **Profiltraining** unterzieht und hier die gesamte Umgangskultur auf den Prüfstand gestellt wird.

Als besonders hilfreich wird es von den Betroffenen empfunden, wenn an ihrer Schule **regelmäßige Mitarbeitergespräche** stattfinden. Denn hier können sie endlich loswerden, was ihnen schon lange auf der Seele brennt. Wie sich diese Gespräche fest verankern lassen, erfahren Sie im folgenden Abschnitt.

Endlich Klartext sprechen: Aus dem Mitarbeitergespräch eine feste Einrichtung machen

Gespräche der Schulleiterin mit einzelnen Kollegen haben meist einen ganz konkreten Anlass: Es liegt eine Beschwerde aufgebrachter Eltern vor, ein erkrankter Kollege muss in den nächsten Wochen vertreten werden oder der Leistungsabfall einer Klasse macht punktuelle Fördermaßnahmen notwendig. Wenn Sie zu einer solchen Unterredung gebeten werden, ist der Gesprächsverlauf in seinen Grundlinien absehbar: Sie müssen sich für eine bestimmte Maßnahme rechtfertigen, die Schulleiterin will Ihnen eine zeitlich befristete Mehrbelastung schmackhaft machen, gemeinsam wird nach einer fachlich und pädagogisch gebotenen Lösung gesucht. In solchen anlassbezogenen Gesprächen geht es nie um Ihre allgemeine Befindlichkeit, um Ihre Situation am Arbeitsplatz oder um Ihre Erfahrungen mit den anderen Kollegen. Deshalb bekommen viele Schulleiter auch nichts davon mit, wenn sich eine Kollegin gemobbt fühlt und über erste gesundheitliche Beeinträchtigungen klagt.

An vielen Schulen ist man deshalb dazu übergegangen, regelmäßige Mitarbeitergespräche zwischen der Schulleitung und einzelnen Kollegen zu vereinbaren. Solche Gespräche werden **einmal im Jahr** angesetzt und beide Seiten sollten sich dafür **eine Stunde** Zeit nehmen. Das Mitarbeitergespräch findet **unter vier Augen** statt und seine Ergebnisse haben **vertraulich** zu bleiben. Auf Wunsch der beteiligten Kollegen können daran aber auch ein Personalrat, die Gleichstellungsbeauftragte oder der Vertreter der Schwerbehinderten teilnehmen. Beide Seiten verständigen sich vorher darauf, welche Themen im Verlauf des Gesprächs unbedingt angesprochen werden sollten. Über die Ergebnisse des Mitarbeitergesprächs wird eine **Niederschrift** angefertigt, die von beiden Gesprächspartnern unterzeichnet werden muss. Das gilt auch für konkrete **Zielvereinbarungen**, auf die sich beide

Seiten im Verlauf ihrer Unterhaltung verständigen. Das Mitarbeitergespräch sollte deshalb auch mit einem Blick auf die beim letzten Mal protokollierten Zielvereinbarungen beginnen. Als Leitfaden eines solchen Gesprächs könnte die folgende **Checkliste** dienen. Sie könnte Ihnen dabei helfen, die Ihnen wichtigen Anliegen herauszuarbeiten und hier entsprechenden Gesprächsbedarf anzumelden:

Unter vier Augen

Checkliste für das Mitarbeitergespräch

Persönliche Situation:

- ☐ allgemeine Befindlichkeit
- ☐ familiäre Verpflichtungen
- ☐ gesundheitliche Probleme
- ☐ ehrenamtliches Engagement
- ☐ möglicher Ortswechsel

Dienstlicher Einsatz:

- ☐ bevorzugte Jahrgangsstufen
- ☐ fachliche Schwerpunkte
- ☐ außerunterrichtlicher Einsatz
- ☐ besondere Funktionen
- ☐ zusätzliche Belastungen

Pädagogische Erfahrung:

- ☐ Überblick über Stärken und Schwächen
- ☐ Umgang mit Schülern
- ☐ didaktische Weiterentwicklung
- ☐ neue Lern- und Arbeitsformen
- ☐ Zusammenarbeit mit Eltern

Kollegialer Umgang:

- ☐ Identifikation mit der Schule
- ☐ allgemeines Arbeitsklima
- ☐ kollegiale Zusammenarbeit
- ☐ Mobbing unter Lehrern
- ☐ Fragen des Führungsstils

Berufliche Entwicklung:

- ☐ neue Herausforderungen
- ☐ zusätzlicher Fortbildungsbedarf
- ☐ persönliche Karriereplanung
- ☐ geplante Auszeiten
- ☐ mögliche Veränderungen

Das Mitarbeitergespräch lehnt sich an die Philosophie moderner Unternehmensführung an – und ist vielen Lehrkräften schon deshalb suspekt. Schließlich ist eine Schule kein Betrieb und sollte daher auch anders geführt werden. Es liegt deshalb ganz an Ihnen, welche Inhalte den Verlauf des Gesprächs bestimmen: Je besser Sie sich auf diesen Erfahrungsaustausch mit der Schulleitung vorbereiten und je offensiver Sie diesen Termin angehen – umso mehr wird hier von Ihren Problemen und Anliegen die Rede sein. Dass es sich bei Ihrem Austausch mit der Schulleitung um einen anlassfreien Gesprächstermin handelt, sollte Ihnen dabei zugutekommen. Denn Sie können dem Gespräch eine Wendung geben, die Ihr Gegenüber nicht vorgesehen hatte.

Es wird Frau Bauknecht wohl einige Überwindung kosten, um sich vor ihrer Schulleiterin zu offenbaren und sie mit den Nachstellungen im Kollegium zu konfrontieren. Andererseits dürfte sie nicht die erste Lehrerin der Schule sein, die solchen Angriffen ausgesetzt ist. Sie kann also von den Erfahrungen der Schulleiterin profitieren. Von ihr könnte die angegriffene Lehrerin erfahren, wo sie sich Hilfe holen kann, wer entsprechende Fortbildungen anbietet und was die Schulleiterin plant, um das Arbeitsklima zu verbessern. Im Rahmen einer Zielvereinbarung könnte sich Frau Bauknecht dazu verpflichten, künftig ein Mobbing-Tagebuch zu führen. Und die Schulleiterin könnte ihr zusichern, die Personalvertretung und die Schulkonferenz für einen entsprechenden Verhaltenskodex zu gewinnen. Schließlich würden beide Seiten von einer mobbingfreien Schule profitieren.

Ins Abseits gedrängt

Robert Pluschke (58), *Lehrer an einer Gesamtschule*

Mit meinen 58 Jahren gehöre ich inzwischen zu den Senioren im Lehrerzimmer. Zum alten Eisen zähle ich mich deshalb noch lange nicht. Schließlich war es meine Generation, die seinerzeit die alten Zöpfe abgeschnitten und an unseren Schulen einen ganz neuen pädagogischen Stil etabliert hat. Uns Vorkämpfer für eine andere Schule verbindet bis heute ein gemeinsames Selbstverständnis: Die Schüler sollen nicht länger wie Untergebene, sondern wie Partner behandelt werden. Und die bislang praktizierte Pädagogik der Angst soll durch eine Kultur des Förderns und Ermutigens ersetzt werden. Es mag sein, dass mein Haar inzwischen etwas grauer, meine Haut etwas faltiger und meine Figur etwas fülliger geworden ist – als Lehrer fühle ich mich aber immer noch vom pädagogischen Aufbruch der ersten Berufsjahre beflügelt.

Allerdings findet seit einigen Jahren an meiner Schule ein Stabwechsel statt: Junge Lehrkräfte verdrängen nach und nach die Angehörigen meiner Generation. Diese nachrückenden Kollegen sind durch den Reformeifer der Alt-68er nicht zu beeindrucken – und das zeigen sie auch. So haben die forschen Jungpädagogen kein Problem damit, die Sündenfälle der alten Paukschule wieder aufleben zu lassen: Bei ihnen haben die Schüler zu Beginn des Unterrichts aufzustehen, sie haben die berüchtigten Strichlisten wieder eingeführt und verdonnern die Störenfriede in ihren Klassen am Freitagnachmittag zum gemeinschaftlichen Nachsitzen. Die Schüler scheinen den Neulingen diesen Rückfall in überholte Rituale großzügig nachzusehen. Denn ihre modische Attitude, ihr musikalischer Geschmack und ihre Präsenz in sozialen Netzwerken weisen sie als Angehörige einer gemeinsamen Generation aus. Da können wir altgedienten Kollegen einfach nicht mithalten. Dabei nehme ich den jungen Kollegen nicht übel, dass sie den Schülern kulturell näher stehen und dass sie bei ihnen beliebter sind als wir. Aber ich werfe ihnen vor, dass sie die Ideale einer demokratischen und humanen Schule allzu gedankenlos über Bord werfen.

Ich selbst habe noch sieben Berufsjahre vor mir, fühle mich von den Jungen aber schon jetzt an den Rand gedrängt. Sie signalisieren mir in jeder Konferenz, dass für einen pädagogischen Romantiker wie mich eigentlich kein Platz mehr in diesem Kollegium ist. Und ich verspüre wenig Neigung, meiner eigenen Demontage in den letzten Dienstjahren tatenlos zuzusehen. Dann schon lieber vorzeitig aus dem Dienst ausscheiden, als mich noch länger ins Abseits drängen zu lassen.

An den meisten Schulen vollzieht sich derzeit ein **Generationenwechsel**, wie er in diesem Umfang und in dieser Tragweite nur alle 40 Jahre stattfindet. Die Lehrkräfte, die in den 1970er-Jahren in großer Zahl eingestellt wurden, verlassen in den nächsten Jahren unsere Schulen und machen einer neuen Generation von Pädagogen Platz. So ist bspw. in Nordrhein-Westfalen eine Mehrheit der Lehrkräfte an den Haupt-, Real- und Gesamtschulen über 50 Jahre alt, während der Anteil der unter 35-Jährigen gerade einmal bei 13 % liegt.[20] Daraus ergibt sich eine generative Schichtung, die in den Lehrerkollegien zu immer neuen Konflikten führt.

Als Herr Pluschke sein Studium aufnahm, stand das ganze Land unter dem Schock einer drohenden Bildungskatastrophe: Den Deutschen war bewusst geworden, dass sie bisher viel zu wenig in die Bildung investiert hatten und dass sie hier mit den großen Industrienationen in Ost und West kaum noch mithalten konnten. Deshalb wurden überall neue Hochschulen errichtet, wurden neue Schulformen erprobt, wurde massiv für den Erwerb höherer Bildungsabschlüsse

geworben. Um das bisher Versäumte nachzuholen, mussten zahlreiche Lehrer neu eingestellt werden – ein Umstand, von dem Herr Pluschke und seine Altersgenossen zu profitieren wussten. Neben der günstigen Anstellungssituation war den Lehrkräften seiner Generation auch eine reformpädagogische Mission gemeinsam, mit der sie an ihren Schulen für manche Unruhe und für zahlreiche Neuerungen sorgten. Angetrieben vom kulturellen Aufbruch der Studentenbewegung, setzten die jungen Lehrkräfte an ihren Schulen neue Maßstäbe: Sie ließen sich von den Schülern duzen, sie versuchten, ohne Druck und Strafe auszukommen, und führten in ihren Stunden neue Lern- und Arbeitsformen ein. Dem hatte der alteingesessene Lehrkörper oft nicht viel entgegenzusetzen, sodass die pädagogischen Heißsporne bald das Selbstverständnis und den besonderen Stil ihrer Schulen prägten. An vielen Schulen im Land ist deshalb die Handschrift dieser Lehrergeneration bis heute sichtbar.
Von solchen Traditionen unbeeindruckt, **drängt inzwischen eine neue Generation in die Lehrerzimmer.** Und nur den wenigsten Berufsanfängern dürfte bewusst sein, wie viel pädagogisches Herzblut hier an den Wänden klebt. An der Gesamtschule in Köln-Holweide nehmen deshalb alle neu eintretenden Lehrkräfte zu Beginn des Schuljahres an einer eigenen Fortbildung teil, um die besondere pädagogische Kultur ihrer neuen Schule kennenzulernen und sich mit dem Erbe der Gründergeneration vertraut zu machen. Wo solche Angebote fehlen, platzen die **Neulinge in eine gewachsene pädagogische Kultur** – und damit in ein hochsensibles System von Befindlichkeiten. Dadurch haben die alteingesessenen Lehrkräfte nur allzu oft den Eindruck, hier solle den mühsam erstrittenen Errungenschaften kurzerhand die Luft abgedreht werden.

Um keine neuen Grabenkämpfe aufbrechen zu lassen, müssen sich alte und junge Lehrkräfte wohl oder übel miteinander arrangieren. Das setzt voraus, dass beide Seiten miteinander ins Gespräch kommen und dass sie sich über gemeinsame Projekte besser kennenlernen. Nur so kann der **Generationswechsel** an unseren Schulen **konstruktiv und kollegial gestaltet** werden. In diesem Sinne wäre den Alten wie den Jungen im Kollegium in gleicher Weise geholfen, wenn

- ➔ an der Schule ein **Mentorensystem** eingeführt wird, bei dem erfahrene Kollegen die neu eingetretenen Lehrkräfte unterstützen und sie mit den besonderen Regeln, Ritualen und Revieren ihrer neuen Wirkungsstätte vertraut machen.
- ➔ die Klassenleitung immer einer **Doppelspitze** übertragen wird, bei der einer erfahrenen Klassenlehrerin jeweils ein Stellvertreter aus dem Kreis der Neulinge zur Seite gestellt wird – oder umgekehrt.
- ➔ der Unterricht nach dem Prinzip des **Teamteaching** organisiert wird, bei dem einer Informationsphase im Plenum jeweils eine Vertiefung des Gelernten in Gruppen- oder Einzelarbeit folgt – wobei sich ältere und jüngere Lehrkräfte optimal ergänzen.

➔ jeweils zwei Lehrkräfte ein **altersgemischtes Lehrertandem** bilden, was den Austausch selbst erstellter Materialien, die gemeinsame Planung von Projekten und gegenseitige Unterrichtsbesuche einschließt.

Unbestritten ist, dass die Alteingesessenen und die Neulinge in gleicher Weise voneinander lernen können. Nur scheint es an geeigneten Angeboten zu fehlen, wie sich dieser Austausch kooperativ und effektiv organisieren ließe. Mit der Wiederbelebung der **Pädagogischen Lesung** aber könnte dieses Vorhaben gelingen. Wie dies funktionieren kann, beschreibt der folgende Abschnitt.

Wenn Kollegen voneinander lernen: Die Tradition der Pädagogischen Lesung wiederbeleben

Pädagogische Fortbildungsangebote bringen nur dann etwas, wenn sie nicht nur die besonders Engagierten erreichen, sondern wenn das ganze Kollegium einer Schule daran beteiligt ist. Deshalb finden an vielen Schulen regelmäßig Pädagogische Tage oder Fortbildungskonferenzen statt, zu denen bevorzugt außerschulische Experten eingeladen werden. Für die Schulleitung und die Schulaufsicht verbindet sich damit die Erwartung, dass solche Anstöße von außen bei den Lehrkräften mehr Eindruck machen als alle Anregungen aus dem eigenen Kollegium. Bekanntlich hat der Prophet im eigenen Land nicht viel auszurichten – und diese Missachtung gilt auch für die Mitglieder des eigenen Kollegiums. Dabei wären es viele Neuerungen und Erprobungen im eigenen Hause wert, den Kollegen vorgestellt, mit ihnen diskutiert und auf die eine oder andere Weise nachgeahmt zu werden.

Das gilt vor allem für **das Lernen**, wie es **zwischen den unterschiedlichen Generationen eines Kollegiums** stattfinden könnte. So könnten sich die älteren Kollegen von der nachwachsenden Lehrergeneration über die mediale Aufrüstung im Klassenzimmer und über eine neue Arbeitsorganisation des Unterrichts informieren lassen. Und so könnte der kollegiale Nachwuchs im Gegenzug erfahren, wie sich die Mitsprache der Schüler am Schulleben oder die individuelle Förderung Einzelner organisieren lässt. Dazu ließe sich die Tradition der Pädagogischen Lesung wiederbeleben, müsste dafür allerdings ein neues methodisches Format entwickelt werden.

Die **Pädagogische Lesung** gehörte zu den Errungenschaften der untergegangenen DDR, obwohl sie so gar nicht zu deren staatlichem Dirigismus passen wollte. Mit der Pädagogischen Lesung hatten einzelne Lehrkräfte die Möglichkeit, **innovative Projekte** vorzustellen und die eigenen Kollegen dafür zu begeistern. Dabei konnte es um aktuelle Themen, um neue Methoden, um erzieherische Maßnahmen oder um neue Bewertungsformen gehen. Grundlage der Pädagogischen Lesung war immer ein schriftlich ausgearbeiteter Bericht, der den Kollegen vorgetragen und anschließend mit diesen diskutiert wurde. Wie in der DDR üblich, war das Ganze als Wettbewerb organisiert, bei dem die besten Arbeiten prämiert und für die Entscheidungen auf Bezirks- und auf Landesebene nominiert wurden.

Wir haben sicherlich wenig Anlass, die Pädagogische Lesung in dieser Form wiederzubeleben und auf dieser Basis einen kollegialen Erfahrungsaustausch zu organisieren. Aber übernehmen ließe sich z.B. der Grundsatz, wonach Lehrkräfte am meisten von den eigenen Kollegen lernen. Übernehmen ließe sich auch der Anspruch, sich innerhalb des Kollegiums regelmäßig über selbst erprobte Innovationen auszutauschen. Denn an jeder Schule dürften sich Lehrer finden, die dazu etwas beizutragen haben. So könnten einzelne Lehrkräfte ihren Kollegen davon berichten,

- ➔ für welche aktuellen Themen sie eine überzeugende pädagogische Antwort gefunden haben.
- ➔ welche unterrichtspraktischen Erfahrungen sie mit einer neuen Lern- und Arbeitsmethode gemacht haben.
- ➔ wie sie einzelne Schüler so fördern, dass deren individuelle Stärken und Schwächen angemessen gewürdigt werden.
- ➔ durch welche besonderen Aktivitäten sich das soziale Klima im Klassenzimmer verbessern lässt.
- ➔ wie sie die Schüler durch neue Formen der Mitsprache an Unterricht und Schulleben beteiligen.
- ➔ wie sie unvermeidliche Verwaltungs- und Organisationsaufgaben effektiv und zeitsparend anpacken.
- ➔ welche Maßnahmen ihnen geholfen haben, mit körperlichen und psychischen Belastungssituationen besser umzugehen.

Durch dieses Erfahrungsspektrum ist sichergestellt, dass für eine solche Pädagogische Lesung **alle Kollegen einer Schule infrage kommen.** Denn es sollen nicht nur die besonders Ehrgeizigen sein, denen hier eine Plattform zur Selbstdarstellung geboten wird. Auch pädagogische Normalos sind eingeladen, sich mit ihren besonderen Erfahrungen in den kollegialen Erfahrungsaustausch einzubringen – wie der folgende Katalog Pädagogischer Lesungen an einer ganz normalen Schule beweist:

Übersicht der Beiträge zu unserer
Pädagogischen Lesung

Frau Mehlhorn-Schaller:
Klassenrat – Klassensatzung – Klassenverfassung

Herr Nickl:
Die Friedenswerkstatt – ein Projekt der Konfliktintervention

Frau Mahler:
Das virtuelle Museum – wo Geschichte ganz anschaulich wird

Herr Glaab:
Ein Knigge für jugendliche Facebook-Nutzer

Frau Koller-Zebisch:
Klassenarbeiten und Klausuren in Gruppenform

Herr Tönjes:
Mit dem Planspiel gesellschaftliche Konflikte simulieren

Frau Steenpass:
Die Fantasiereise – eine Exkursion in die eigene Erinnerung

Frau Christians:
Zusätzliche Förderangebote für das hochbegabte Kind

Frau Montoya:
Sich mit GPS im Gelände orientieren

Herr Meinhardt:
Der Durchgang – eine offene Aussprache unter vier Augen

Frau Hizli:
Stressabbau durch richtiges Atmen

Frau Rohloff/Herr Krautzberger:
Teamteaching in der Praxis

Herr Kratzer:
Machbare Methoden der Unterrichtskritik

Frau Piachowski:
Das Lesetagebuch – ein Beitrag zur literarischen Sozialisation

Herr Pohlschröter:
Das Whiteboard im interaktiven Unterricht

Anders als in der ehemaligen DDR sollte es bei einer Pädagogischen Lesung weniger auf die schriftliche Vorlage als auf eine überzeugende Präsentation ankommen. Außerdem sollten die Lesungen keinen zusätzlichen Terminaufwand erfordern, sondern in die obligatorischen Konferenzen und Fortbildungsangebote intergiert werden. So könnte am Beginn einer pädagogischen Konferenz oder einer Fachgruppensitzung jeweils eine solche Präsentation eigener Projekterfahrungen stehen. Dadurch erhalten die Kollegen nicht nur **Anregungen für eine Weiterentwicklung ihrer pädagogischen Praxis.** Sie wissen dann auch, bei wem sie nachfragen können und von wem sie sich Unterstützung zu erwarten haben. Darüber hinaus leistet die Pädagogische Lesung einen **Beitrag zur Wertschätzung innerhalb des Kollegiums.** Wer im Klassenzimmer Neues ausprobiert, wird nicht länger als reformpädagogischer Eiferer belächelt, sondern kann sich der Aufmerksamkeit und des Respekts seiner Kollegen sicher sein.

Mit einer Pädagogischen Lesung zu seinen Erfahrungen mit dem Lerntagebuch, zu seinem Umgang mit Disziplinkonflikten oder zur Praxis einer differenzierten Koedukation hätte Herr Pluschke auch den jungen Kollegen etwas zu bieten. Er könnte ihnen beweisen: Auch wer vermeintlich zum alten Eisen gehört, muss deswegen noch keinen Rost ansetzen. Mit einer solchen Pädagogischen Lesung könnte sich der frustrierte Lehrer wieder in die Mitte des Kollegiums manövrieren.

Solidarität: Fehlanzeige!

Bettina Vorländer (49), *Lehrerin an einer Fachoberschule*

Ich habe mich heute krank gemeldet, weil ich mich nach der gestrigen Lehrerkonferenz nicht mehr einsatzfähig fühle. Verhandelt wurde der Fall eines Schülers meiner 12. Klasse: Der junge Mann hatte seine Facharbeit zur Wirtschaftlichkeit des lokalen Flughafens über weite Strecken abgeschrieben. Und es hatte nur einer oberflächlichen Recherche im Internet bedurft, um den Schüler des „Guttenbergens" zu überführen. Das Schulrecht schreibt in solchen Fällen vor, dass die Arbeit mit der Note „Ungenügend" bewertet werden muss – und daran habe ich mich auch gehalten. In einem larmoyanten Schreiben hat der junge Mann an die Prüfungskonferenz appelliert, meine Entscheidung zu revidieren und ihm eine zweite Chance zu geben. Er hat es in diesem Zusammenhang erst gar nicht für nötig befunden, den Plagiatsvorwurf zu entkräften. Stattdessen versuchte er, die Konferenz mit einem ganzen Bündel fachärztlicher Gutachten zu beeindrucken, die ihm eine ernsthafte psychische Erkrankung attestieren. Obwohl das Schulrecht gar keine andere Entscheidung zulässt, hat eine Mehrheit im Kollegium schließlich für den Schüler Partei ergriffen und die von mir vorgeschlagene Bewertung verworfen.

Das aber ist typisch für diese Schule: Hier ziehen die Kollegen schon lange nicht mehr an einem Strang. Da kann es vorkommen, dass die Anordnung eines Lehrers nachträglich gekippt oder eine bereits erteilte Schulstrafe wieder aufgehoben wird. Statt in solchen Fällen den betroffenen Lehrkräften den Rücken zu stärken, schlägt sich die Schulleitung lieber auf die Seite der beteiligten Schüler und Eltern – um nur ja keinen Streit mit den schulischen Gremien, der staatlichen Schulaufsicht oder den lokalen Medien zu riskieren. Damit aber wird das wichtigste Kapital untergraben, über das wir Lehrer nun einmal verfügen: unsere Autorität. Schüler und Eltern merken ziemlich schnell, wenn wir Lehrkräfte von den Kollegen oder der Schulleitung keine Rückendeckung zu erwarten haben. Und sie haben gelernt, diesen Trumpf mehr oder weniger trickreich auszuspielen. Als Lehrerin fühle ich mich regelrecht in die Zange genommen: Einerseits treffen meine Entscheidungen auf immer mehr Widerstand – andererseits bin ich in solchen Fällen zunehmend auf mich allein gestellt. Diesem Zangengriff aber will ich mich nicht länger aussetzen. Ich würde mich deshalb gern an eine andere Schule versetzen lassen – habe aber das ungute Gefühl, dort ebenfalls an der mangelnden Solidarität des Kollegiums zu scheitern.

Frau Vorländer beobachtet, dass die Lehrer ihrer Schule kaum noch an einem Strang ziehen und dass die **Unstimmigkeiten im Kollegium von den Schülern und Eltern schamlos ausgenutzt** werden. Das hat sicherlich damit zu tun, dass die Lehrerkollegien immer heterogener zusammengesetzt sind und sich deshalb eine gemeinsame Linie kaum noch durchsetzen lässt. Vor 100 Jahren fühlten sich die Lehrer einer Schule durch eine gemeinsame Herkunft, eine gemeinsame Kultur und ein gemeinsames Selbstverständnis verbunden. Dagegen präsentieren sich die **Lehrerkollegien unserer Tage** als bunt zusammengewürfelte Ensembles, in denen **unterschiedliche Interessen, Temperamente und Lebensläufe** aufeinandertreffen. Dass die Mitglieder eines Kollegiums ähnlich denken und entscheiden, ist angesichts dieser heterogenen Gemengelage kaum zu erwarten. Man wird im Kollegenkreis deshalb auf keine „mechanische Solidarität" hoffen dürfen – also auf ein Zusammengehörigkeitsgefühl, das sich aus einer ähnlichen sozialen Situation und von einem ähnlichen biografischen Kontext herleitet. Die Lehrer einer Schule haben heute so wenig gemeinsam, dass eine einheitliche Meinung nicht mehr selbstverständlich ist und dass die Entscheidungen Einzelner von den anderen nicht mehr automatisch mitgetragen werden. Frau Vorländer beklagt diese Entwicklung und befürchtet, dass sich daran wohl nichts mehr ändern lässt.

Gleichzeitig werden die Maßnahmen einzelner Lehrkräfte nicht mehr widerspruchslos hingenommen, sind diese zunehmenden Angriffen ausgesetzt. Schließlich haben wir es mit Schülern zu tun, denen jedes Duckmäusertum fremd ist und die **ihre Interessen erstaunlich selbstbewusst vertreten.** Auch die **Eltern sind durch die Autorität des Lehrkörpers immer weniger zu beeindrucken:** Sie sind besser informiert, besser beraten und besser vernetzt als das früher der Fall gewesen sein mag. Deshalb treten sie in Sprechstunden, Elternabenden und in den Gremien der Schule sehr viel fordernder auf. Frau Vorländer würde diesen Eindruck sicherlich bestätigen. Denn sie beklagt, dass sie mit ihren Entscheidungen auf den wachsenden Widerstand aufgebrachter Schüler und abgebrühter Eltern stößt.

Hier zeichnen sich **Entwicklungen** ab, **die eigentlich zu begrüßen wären** und gegen die wohl auch Frau Vorländer nichts einzuwenden hätte. Schließlich wünscht sich niemand ein Kollegium aus lauter Einheitslehrern, deren Einheitsdenken sich in einem pädagogischen Einheitsstil niederschlägt. Darüber hinaus kommen kritische und selbstbewusste junge Menschen dem Leitbild des mündigen Schülers schon sehr nahe. Schließlich sollten wir uns darüber freuen, dass die Erziehungspartnerschaft mit den Eltern heute auf Augenhöhe stattfindet. Und doch gibt es immer wieder **Anlässe, bei denen die Risse und Widersprüche innerhalb eines Kollegiums aufbrechen** und bei denen wir von den Schülern und Eltern ziemlich unverfroren gegeneinander ausgespielt werden. So kommt es immer wieder vor,

- ➔ dass die Hausordnung von den Lehrern einer Schule sehr unterschiedlich ausgelegt wird und diese mit den Regelverstößen der Schüler deshalb ganz unterschiedlich umgehen.
- ➔ dass sich im Rahmen einer Klassenfahrt die begleitenden Lehrkräfte nicht miteinander abgesprochen haben und die Schüler das nur allzu gut auszunutzen wissen.
- ➔ dass die Meinungsunterschiede zwischen den Lehrkräften in der Schulkonferenz oder im Disziplinarausschuss in aller Härte ausgetragen werden.
- ➔ dass die Notengebung einzelner Kollegen von der Mehrheit der Lehrkräfte nicht mitgetragen wird und diese auf einem anderen Prüfungsergebnis bestehen.
- ➔ dass das Abstimmungsverhalten ungeliebter Kollegen öffentlich gemacht und den Schülern mitgeteilt wird – um diese gegen die Betroffenen aufzuwiegeln.
- ➔ dass einzelne Lehrer die Entscheidungen der Lehrerkonferenz öffentlich kritisieren und sich die Schüler dadurch zu Widerspruch und Protest herausgefordert fühlen.
- ➔ dass sich Lehrkräfte vor den Eltern von einzelnen Kollegen und den von ihnen zu verantwortenden Maßnahmen distanzieren – auch auf die Gefahr hin, dass deren Autorität dadurch nachhaltig untergraben wird.

Eine nicht ganz geklärte Rolle kommt in diesem Zusammenhang der **Schulleitung** zu: Mancher Schulleiter versteht sich nicht mehr als Teil des Kollegiums, sondern eher als ein Moderator, der zwischen Eltern, Lehrern und Schülern zu vermitteln hat und es sich deshalb mit keiner Gruppe verderben möchte. Immer mehr Schulleiter identifizieren sich mit der Schule – nicht aber mit den Kollegen, aus deren Kreis sie ja ursprünglich kommen. Außerdem befinden sich viele Schulen in einem Konkurrenzkampf um die Gunst der Eltern und das Ansehen in der Öffentlichkeit. Vor diesem Hintergrund wird die Schulleitung alles verhindern wollen, was dem guten Ruf der Schule schaden könnte. Um es sich mit den Schülern und Eltern nicht ganz zu verderben, steht sie nicht mehr automatisch hinter den Lehrkräften und den von diesen zu verantwortenden Maßnahmen. Die Lehrer aber leiden darunter, wenn sie seitens der Schulleitung **nicht mehr die nötige Rückendeckung** erwarten können. Und auch das schwingt in der Klage der frustrierten Kollegin mit.

Wo die Solidarität unter Kollegen nicht mehr selbstverständlich ist, bedarf es entsprechender **Vereinbarungen** – damit die betroffenen Lehrkräfte den Vorhaltungen der Schüler und Eltern nicht schutzlos ausgeliefert sind. Auch Frau Vorländer sollte auf solchen Vereinbarungen bestehen und ihr Heil nicht in der Versetzung an eine andere Schule suchen. Darüber hinaus sollte sie sich **bei einzelnen Entscheidungen** jeweils absichern und **andere Kollegen mit ins Boot holen**. Durch die Einbeziehung anderer Lehrkräfte lässt sich verhindern, dass die Kollegin als pädagogische Einzeltäterin auftritt und ihr Ansehen innerhalb der Schulfamilie Schaden nimmt. Sie sollte deshalb Wert darauf legen,

- ➔ dass sie in strittigen Fällen nicht allein agiert, sondern darüber jeweils die Klassenkonferenz entscheiden lässt.
- ➔ dass sie für die Klassenleitung nicht allein verantwortlich ist, sondern diese Verantwortung mit einem Kollegen teilt.
- ➔ dass sie in Konfliktfällen jeweils den Rat des Vertrauenslehrers einholt und sich damit gegen mögliche Einsprüche absichert.
- ➔ dass die von ihr ausgesprochenen Sanktionen jeweils von der Schulleitung abgesegnet und durch deren Unterschrift beglaubigt werden.
- ➔ dass bei Konflikten mit Eltern jeweils die Klassenelternsprecher hinzugezogen werden und diese eine Vermittlerrolle übernehmen.

Frau Vorländer ist frustriert, weil ihr die Kollegen in einem besonders spektakulären Fall in den Rücken gefallen sind. Und sie befürchtet nicht zu Unrecht, dass sich ihre Niederlage in der Prüfungskonferenz bald in der ganzen Schule herumgesprochen hat. Wirklich geholfen wäre Frau Vorländer, wenn sich das Kollegium ihrer Schule auf eine **Charta** verständigen könnte, die solchen Entgleisungen vorbeugt und in der in schriftlicher Form geregelt ist, was eigentlich selbstverständlich sein sollte. Eine solche Charta wird im folgenden Abschnitt vorgestellt.

Ein Knigge des kollegialen Umgangs: Eine Charta für Konferenzen beschließen

Angesichts der heterogenen Zusammensetzung unserer Kollegien sind Übereinstimmungen in der Sache nicht mehr als selbstverständlich vorauszusetzen und im Einzelfall wohl auch nicht immer wünschenswert. Umso wichtiger sollte allen Beteiligten sein, dass der **Ablauf der Konferenzen** wenigstens bestimmten Regeln folgt und dass **diese gemeinsam vereinbart und schriftlich niedergelegt** werden. Gerade wenn an einer Schule unterschiedliche Überzeugungen und Temperamente aufeinandertreffen, sollte wenigstens das Vorgehen von einem breiten Konsens im Kollegium getragen werden. Deshalb haben einzelne Schulen entschieden, solche Verfahrensregeln in einer eigenen **Charta** festzuschreiben. Sie regelt ähnlich einer Schulverfassung, wie die Entscheidungsfindung im Kollegium organisiert ist und wie mit den Ergebnissen der gemeinschaftlichen Beratungen umgegangen wird. Eine Charta ist allerdings mehr als nur ein Knigge für die Lehrerkonferenz: Hier geht es neben den **Standards des kollegialen Umgangs** auch um die **Verteilung von Zuständigkeiten** und die Mitwirkung Außenstehender.
Der Anstoß für die Verabschiedung einer solchen Charta kann von einem Konflikt ausgehen, wie ihn Frau Vorländer erlebt hat. Um ihr und anderen Kollegen künftig eine derartige Blamage zu ersparen, könnte die Personalvertretung eine Musterformulierung vorlegen, über die dann im Kollegenkreis beraten wird:

Charta für Konferenzen

Im Bemühen um einen kollegialen Umgang und zum Schutz der betroffenen Schüler und Lehrer verpflichtet sich die Gesamtheit der Lehrkräfte zur Einhaltung der folgenden Regeln für den Ablauf von Konferenzen sowie für den Umgang mit den hier erzielten Ergebnissen. Diese sind in den folgenden Bestimmungen zusammengefasst.

§ 1

Die Lehrerkonferenz hat das Recht, bestimmte Beratungsgegenstände an einzelne Fachkonferenzen bzw. an die fachlich zuständigen Ausschüsse zu überweisen. Die hier getroffenen Entscheidungen werden von der Gesamtkonferenz übernommen.

§ 2

Zu den Gesamtkonferenzen, bei denen die Ergebnisse der Zeugnisse bzw. der Abschlussprüfungen festgesetzt werden, muss jeweils eine Empfehlung der Klassenkonferenz bzw. des Prüfungsausschusses vorliegen. Von diesen darf nur in begründeten Fällen abgewichen werden.

§ 3

Die Schülervertretung und der Elternbeirat werden zu den allgemeinen Konferenzen eingeladen. Die Teilnahme an Zeugnis-, Prüfungs- oder Disziplinarkonferenzen ist ausschließlich den Lehrkräften der Schule vorbehalten.

§ 4

Informationen über die Wortbeiträge und das Abstimmungsverhalten einzelner Kollegen werden grundsätzlich nicht an Außenstehende weitergegeben.

§ 5

Kritik an den Entscheidungen der Lehrerkonferenz muss in dieser selbst vorgetragen werden. Eine kritische Bewertung der Konferenzergebnisse gegenüber Schülern und Eltern hat zu unterbleiben.

§ 6

Es ist ausschließlich Aufgabe der Schulleitung, die betroffenen Schüler sowie deren Eltern über die Ergebnisse der Zeugnis-, Prüfungs- oder Disziplinarkonferenzen in Kenntnis zu setzen.

Im Rahmen einer Personalversammlung kann ein solcher Textvorschlag dann beraten und beschlossen werden. Die Schulkonferenz, der Elternbeirat und die Schülervertretung sollen wissen, dass eine solche Charta verabschiedet wurde – ohne dass diese Gremien über die einschlägigen Details informiert werden müssen. Schließlich handelt es sich hier um eine interne Angelegenheit, die nur die Lehrkräfte etwas angeht.

Mit einer solchen Charta für das Kollegium wäre Frau Vorländer manches erspart geblieben: Sie hätte sich bei der Festsetzung der Note auf das Urteil der Klassenkonferenz berufen können. Und die Gesamtkonferenz hätte die Note nur dann verändern dürfen, wenn ein Kollege einen wirklich begründeten Vorbehalt angemeldet hätte. Vor allem hätte Frau Vorländer keine Angst haben müssen, dass die

Schüler von ihrer Entscheidung und von ihrem Verhalten in der Konferenz erfahren. Dass sie jetzt darüber nachdenkt, ob sie die Schule nicht besser verlassen sollte – das hätte sich so vermeiden lassen.

Diese ewigen Vertretungen!

Klaus Lampe-Walldorf (50), *Lehrer an einer Werkrealschule*

Wie viele Lehrkräfte meines Alters merke ich, dass ich nicht mehr so belastbar bin wie in früheren Jahren und dass meine Reserven schneller aufgezehrt sind. Seit Beginn des Schuljahres habe ich deshalb die Zahl meiner Unterrichtsstunden reduziert; habe ich dafür sogar eine spürbare Gehaltskürzung in Kauf genommen. Allerdings wird dieser gut gemeinte Schritt für mich immer mehr zum Bumerang: Durch das verminderte Unterrichtsdeputat hat sich die Zahl meiner Freistunden verdoppelt. Eigentlich bräuchte ich diese Zeit, um zwischendrin durchzuatmen und um wieder zu Kräften zu kommen. Allerdings hat die Schulleitung nichts Besseres zu tun, als mir immer neue Vertretungsstunden aufzubürden und damit sämtliche Lücken im Stundenplan zu stopfen.

Dabei setzen mir solche Vertretungsstunden mehr zu als jeder reguläre Unterricht. Denn ich habe es hier mit Klassen zu tun, die ich kaum kenne und mit denen ich mich erst einmal auf einen Verhaltensmodus verständigen muss. In der Regel erwarten die Schüler von mir, dass ich den Schlendrian meiner Kollegen fortsetze. Und das bedeutet in ihren Augen: dass ich ihnen einen Film vorführe, dass ich sie ihre Hausaufgaben erledigen lasse oder dass sie hier einfach nur abhängen können. Gegen solche Erwartungen anzukämpfen, kostet mich jedes Mal viel Kraft. Demgegenüber erwartet die Schulleitung von mir, dass ich den zu vertretenden Kollegen vollständig ersetze und dass meine Vertretungsstunde nahtlos an seinen Unterricht anschließt. Schließlich will sie bei den Eltern damit punkten, dass die oft beklagten Unterrichtsausfälle an ihrer Schule kaum noch vorkommen. Und dafür habe ich nun meine wöchentlichen Unterrichtsstunden zurückgefahren und herbe Einkommenseinbußen akzeptiert!
Ich befinde mich also in einem Teufelskreis: Je weniger Unterricht ich mir selbst zumute, desto mehr Vertretungsstunden nehme ich damit in Kauf. Noch zeichnet sich keine Lösung ab, wie ich aus diesem Teufelskreis wieder herausfinde. Da würde ich am liebsten meine Siebensachen zusammenpacken und mich vom Lehrerjob für alle Zeiten verabschieden. Denn diese ewigen Vertretungen können einem die Lust an meinem Beruf vollends verleiden.

Viele Lehrkräfte dürften das ganz ähnlich sehen wie der durch die **vielen Vertretungen** genervte Kollege – und das unabhängig davon, ob sie in Teilzeit oder Vollzeit beschäftigt sind. Ihnen wird eine Mehrarbeit aufgebürdet, die i.d.R. als **zusätzlicher Belastungsfaktor** empfunden wird. Und dieser Eindruck hat Bestand – auch wenn die objektiven Zahlen ein eher undramatisches Bild ergeben: So hat bspw. die Landesschülervertretung Sachsen die Unterrichtsausfälle im Freistaat untersucht und festgestellt, dass nur jede 20. Schulstunde vertreten werden muss. Zwar können an den sächsischen Schulen 10,19 % des Unterrichts nicht regulär abgehalten werden. Weil aber 5,69 % der ausgefallenen Stunden ersatzlos gestrichen werden, muss nur in 4,76 % der Fälle eine andere Lehrkraft einspringen.(21) Solche Statistiken sind allerdings mit Vorsicht zu genießen: Erstens werden die eingereichten Zahlen in vielen Fällen von den Schulleitern geschönt, weil diese sich keinen Ärger einhandeln wollen. Zweitens kommt es bei den Unterrichtsausfällen immer wieder zu regelrechten Spitzen – z.B. wenn an der Schule eine Grippewelle grassiert oder eine Abschlussprüfung ansteht. Darüber hinaus gilt an vielen Schulen die Regelung, dass Mitglieder der Schulleitung und andere Lehrkräfte in einer besonderen Funktion bei Vertretungen ausgenommen werden. Damit bleiben die Stunden an einem relativ kleinen Kreis von Kollegen hängen. Lehrer wie Herr Lampe-Walldorf müssen also damit rechnen, dass sie überdurchschnittlich oft zu Vertretungsstunden herangezogen werden.

Vertretungsstunden sind keine freiwilligen Zugeständnisse an die Organisation von Schule und Unterricht. Im **Dienstrecht** ist eindeutig geregelt, dass die Lehrer zu akzeptieren haben, wenn ihnen eine Vertretung aufgebürdet wird. So heißt es in § 14 (3) der Lehrerdienstordnung des Landes Bremen: „LehrerInnen sind verpflichtet, wenn die schulischen Verhältnisse es erfordern, über ihre Pflichtstunden hinaus für kurze Zeit weitere Unterrichtsstunden zu übernehmen.“(22) Allerdings regelt das Dienstrecht in Bremen auch: „Diese Unterrichtsstunden sollen in der Regel nicht mehr als zwei Stunden pro Woche betragen.“(23) Für Teilzeitkräfte wie Herrn Lampe-Walldorf reduziert sich die vorgeschlagene Zahl der Vertretungen sogar auf eine Stunde pro Woche. Vergleichbare Empfehlungen finden sich auch in den Dienstordnungen anderer Bundesländer. Und daran sollten Sie Ihre **Schulleitung ggf. erinnern**. Rechtlich einwandfrei geregelt ist auch die **Vergütung**, die Sie für die erteilten Vertretungsstunden erwarten können: So haben Vollzeitkräfte Anspruch auf bezahlte Mehrarbeit, wenn diese drei Stunden im Monat übersteigt. Demgegenüber können Teilzeitkräfte darauf pochen, dass ihnen jede geleistete Überstunde vergütet wird. Das allerdings gilt nur dann, wenn eine Vertretungsstunde auch wirklich gehalten wird. Lediglich einen Film einzulegen, berechtigt noch nicht zu einer solchen Zusatzvergütung.
Weil sich die Belastungen, die mit solchen Vertretungsstunden verbunden sind, mit den Mitteln des Dienstrechts nicht ausgleichen lassen und weil es wegen der

Vertretungsstunden mit Eltern und Lehrern immer wieder Ärger gibt, sind schulinterne Regelungen nötig, um diese Belastungen einigermaßen gerecht und transparent zu verteilen. So hat man sich an manchen Schulen auf ein verbindliches **Vertretungskonzept** verständigt, das regelt, welche Stunden vertreten werden sollen, wer für diese undankbare Aufgabe infrage kommt und was in den vertretenen Stunden passieren soll. Ein solches Vertretungskonzept sorgt für Verlässlichkeit, Transparenz und Gleichbehandlung. Außerdem wird damit sichergestellt, dass die Unterrichtsvertretung dem Dunstkreis direktoraler Willkür entzogen bleibt. Wenn Sie auch in Ihrer Schule ein solches Konzept verabschieden möchten, könnten Ihnen z.B. die folgenden Regelungen helfen:

Bausteine eines Vertretungskonzepts

Klärungsaspekt	Formulierungsbeispiel
Welche Stunden sollen überhaupt vertreten werden?	„Ab der 7. Jahrgangsstufe werden Randstunden grundsätzlich nicht vertreten."
Was passiert, wenn eine Lehrkraft nicht zum Unterricht erscheint?	„Die Klassensprecher erstatten im Sekretariat Meldung, wenn sich eine Lehrkraft länger als fünf Minuten verspätet."
Wie erfahren die Schüler, welche Stunden vertreten werden bzw. ganz ausfallen?	„Jede Klasse wählt zwei Lektoren, die sie regelmäßig über den aktuellen Vertretungsplan informieren."
Welche Prioritäten gelten bei der Auswahl der Vertretungslehrer?	„Für eine Vertretungsstunde werden bevorzugt Lehrkräfte herangezogen, die die Klasse in einem anderen Fach unterrichten."
Welche Erwartungen gelten für die inhaltliche Ausgestaltung einer Vertretungsstunde?	„Für Vertretungen sollten ähnliche Standards gelten wie für reguläre Stunden; von den Kollegen wird dazu ein aktiver Beitrag erwartet."
Wie können die abwesenden Lehrkräfte die Kollegen unterstützen, von denen sie vertreten werden?	„Kollegen, von denen bekannt ist, dass sie am nächsten Tag fehlen, bereiten Unterrichtsmaterialien vor, die von den Vertretungslehrkräften eingesetzt werden können."
Wie werden die ausgefallenen und vertretenen Stunden dokumentiert?	„Die Schulleitung führt darüber Buch und erstattet dazu der Schulkonferenz, dem Elternbeirat und der Personalvertretung regelmäßig Bericht."
Was passiert bei längerfristigen Ausfällen im Kollegium?	„Fällt eine Lehrkraft für längere Zeit aus, wird eine externe Vertretung gesucht; dazu pflegt die Schule eine Bereitschaftsdatenbank."

Tipp

Regen Sie bei der Schulleitung an, dass die Lehrkräfte an Ihrer Schule nicht in jeder Freistunde mit einer Unterrichtsvertretung rechnen müssen. Idealerweise lässt sich für jeden Kollegen im Stundenplan eine Freistunde ausweisen, in der mit einem solchen Einsatz zu rechnen ist – wie das auch für die wöchentliche Sprechstunde oder für mögliche Präsenzzeiten gilt. Das bedeutet aber auch, dass er in allen anderen Freistunden vor einer solchen Abordnung verschont bleibt. Dadurch würde sich die Planungssicherheit erhöhen und die Zahl der Vertretungseinsätze für den Einzelnen reduzieren lassen.

Ganz abwenden lassen sich die Vertretungsstunden natürlich nicht. Um diese **Zusatzbelastung für Sie so gering wie möglich** zu halten, bietet es sich an, mit einer **Methoden-Box** zu arbeiten. Wie dies funktionieren kann, erfahren Sie im nächsten Abschnitt.

Vertretungsstunden ohne Mehraufwand: Sich mit einer Methoden-Box die Arbeit erleichtern

Die Vertretungsstunden verlieren ihren Schrecken, wo ihnen ein sinnvolles pädagogisches Konzept zugrunde liegt. Und sie werden von den Lehrkräften leichter akzeptiert, wenn von diesen keine kreativen Unterrichtsentwürfe und keine methodischen Schmankerl erwartet werden. Niemand wird von Ihnen verlangen wollen, das Rad jeweils neu zu erfinden – schon gar nicht in Ihren Vertretungsstunden. Deshalb sollten Sie **Methoden, mit denen Sie in anderen Klassen gute Erfahrungen gemacht haben**, sammeln und **für eine Wiederverwertung im Vertretungsfall aufbereiten.** Dabei sollte es sich um Methoden handeln, die ohne größere Vorbereitungen auskommen und weder für Sie noch für die Schüler in einer Materialschlacht ausarten. In einer Methoden-Box werden solche erprobten und praktikablen Unterrichtseinfälle zusammengestellt. Falls es Sie wieder einmal trifft und Ihnen eine Vertretungsstunde aufgebrummt wird, können Sie sich dieser Sammlung bedienen. Ein kurzer Blick in die Methoden-Box – und die Schüler erwartet ein schlüssiges methodisches Konzept, das in der Regel auch noch Spaß macht und vielleicht sogar die eine oder andere neue Erkenntnis verspricht.

Mit der Zeit werden Sie schließlich nicht mehr in Ihrer Methoden-Box nachsehen müssen, bevor Sie eine Ihnen unbekannte Vertretungsklasse aufsuchen. Denn Sie werden bald über ein gesichertes Repertoire praktikabler Methoden verfügen, das Sie abrufen können, sobald Sie die Schwelle des Klassenzimmers überschreiten. Für einen solchen spontanen Einsatz attraktiver Methoden hat sich unter Kollegen inzwischen der Begriff der **„Schwellenpädagogik“** eingebürgert. An den folgenden Beispielen lässt sich nachzeichnen, wie eine solche Schwellenpädagogik funktioniert und wie Sie den Schülern hier ohne aufwändige Ideenfindung und ohne jedes schlechte Gewissen eine informative und durchaus unterhaltsame Stunde bieten können:

Klassiker der Schwellenpädagogik

Angewandte Demoskopie

Die Schüler sitzen im Kreis. Jeder erhält eine Karteikarte. Auf ihr wird eine Frage notiert, auf die nur mit einem „Ja“, einem „Nein“ oder einer Zahl geantwortet werden kann (z. B.: „Was ist dein gefühltes Alter?“). Dann werden die Karten im Uhrzeigersinn weitergereicht und beantwortet. Über das Ergebnis der Umfrage wird abschließend die ganze Klasse informiert.

Auf dem Thron

Die Schüler sitzen im Kreis. Wer keinen rechten Nachbarn hat, bittet einen Mitschüler, neben ihm Platz zu nehmen. Der Glückliche erfährt dann, warum er ein feiner Kerl ist und warum ihm die ganze Klasse dankbar sein sollte. Dann darf der Nächste auf dem frei gewordenen Stuhl Platz nehmen – und die nächste Lob-Runde beginnt. So wird der Unterricht zu einem Forum gegenseitiger Wertschätzung.

Der Lehrer im Examen

Jeweils zwei Schüler übernehmen ein Schulfach. Sie formulieren aus diesem Sachgebiet eine Aufgabe, die dem Kenntnisstand ihres Jahrgangs entspricht und die der Vertretungslehrer vor der ganzen Klasse beantworten oder vorführen muss. Darauf bekommt er dann von den Schülern eine Note.

Traumplatz vs. Horrorplatz

Die Schüler entscheiden zunächst, wo sie am liebsten sitzen würden (Traumplatz) und welcher Platz für sie die größte Strafe wäre (Horrorplatz). Dann wird jedem Schüler eine Aufgabe gestellt. Stimmt seine Antwort, wartet auf ihn der Traumplatz. Liegt er aber daneben, muss er auf den vermeintlichen Horrorplatz wechseln. Wer schon einmal dran war, muss seinen Platz nicht wieder abgeben.

Postamt Münchhausen

Jeder Schüler erhält eine Karteikarte und informiert darauf über ein Ereignis, an dem er selbst beteiligt war. Bei allen, die an einem geraden Tag Geburtstag haben, muss diese Information stimmen. Wer dagegen an einem ungeraden Tag geboren wurde, notiert auf seine Karte eine frei erfundene Geschichte. Anschließend werden die Karten gemischt und nacheinander vorgelesen, wobei die Klasse raten muss, welche Informationen richtig und welche falsch waren.

Impro-Theater

Auf dem Pult liegen drei Requisiten bereit – z. B. ein Eimer, ein Besenstiel und ein Tafellappen. Die Schüler müssen mithilfe dieser Requisiten eine kleine Szene pantomimisch darstellen – z. B. eine Segelfahrt oder einen Zahnarztbesuch. Und bald sind alle von der Eigendynamik guter Ideen infiziert.

Rallye durch die Tageszeitung

Die Klasse teilt sich in Tischgruppen auf. Jede Gruppe erhält eine andere Ausgabe der örtlichen Tageszeitung. Die Schüler bekommen den Auftrag, in der Zeitung zu stöbern und dabei einen möglichst hohen Geldbetrag, einen möglichst weit entfernten Ort oder einen möglichst langen Namen zu finden. Die Gruppe, die hier jeweils auf den höchsten Wert kommt, erhält einen Punkt.

Blinder Passagier

Jeder Schüler überlegt sich einen Satz, in dem er seinen Namen, sein Hobby, seine Lieblingsfarbe oder seinen Traumberuf unterbringt – auch auf mehrere Wörter verteilt (z. B.: „Der EskiMO DELektierte sich an frischem Fisch.") Den Mitschülern werden die Sätze vorgelesen und sie müssen erraten, wer hier jeweils der blinde Passagier war.

Wenn es gut läuft, wird sich an Ihrer Schule bald herumgesprochen haben, dass von Ihnen **überzeugende Unterrichtsideen** zu erwarten sind. In diesem Fall kann es vorkommen, dass Sie bereits beim Betreten der Vertretungsklasse mit der Bitte überfallen werden, eine in anderen Klassen eingeführte Methode jetzt auch hier einzusetzen. Ihnen geht dann der Ruf voraus, dass Sie sich auch für die ungeliebten Vertretungsstunden noch etwas einfallen lassen – und Sie müssen nicht mehr ausführlich begründen, warum Sie den Schülern keinen Film vorführen oder sie keine Hausaufgaben erledigen lassen. Der Griff in die Methoden-Box entbindet Sie von der Verlegenheit, vor den Schülern ihre methodische Hilflosigkeit offenlegen zu müssen. So gewinnt die Vertretungsstunde ein pädagogisches Profil, mit dem sie sich **erfolgreich von der Tristesse vieler Regelstunden absetzen** kann.

Eine Frage der Wertschätzung

Eva-Maria Pontzen (55), *Lehrerin an einer Gemeinschaftsschule*

Gute Pädagogik braucht keinen roten Teppich. Sie gedeiht oft im Verborgenen und meidet aus guten Gründen das Scheinwerferlicht. Das war mir klar, als ich vor vielen Jahren meinen Dienst als Lehrerin antrat. Seitdem bekommen von meinem besonderen Engagement nur die unmittelbar Betroffenen etwas mit. So schreibe ich jedem Schüler meiner Klasse zum Geburtstag einen persönlich gehaltenen Brief. So dürfen mich die Eltern der Schüler auch nach Feierabend zu Hause anrufen, um ihre Sorgen und Nöte vor mir auszubreiten. So warte ich manche Stunde bei klirrender Kälte, um meine Klasse nach einer Skifreizeit in den Bergen vom Bus abzuholen. Eine dienstliche Belobigung oder eine Erwähnung in der Heimatzeitung werde ich mir mit solchen Aktivitäten nicht verdienen. Und so bekommt die Schulöffentlichkeit von meiner pädagogischen Nachtschattenexistenz auch kaum etwas mit.

Vor allem beim Leiter meiner Schule stoßen solche Rituale einer pädagogischen Fürsorglichkeit auf wenig Gegenliebe. Er bevorzugt Kollegen, die sich mit öffentlichkeitswirksamen Aktionen ins Gespräch bringen und damit der Schule einen Imagegewinn bescheren. So kann sich über eine öffentliche Belobigung freuen, wer mit seiner Klasse eine Bach-Patenschaft übernimmt und dazu die Reporter des Regionalfernsehens einlädt. So hat sich eine ehrenvolle Erwähnung im Jahresbericht verdient, wer einen Schüler zum Landesentscheid des Wettbewerbs „Jugend forscht" begleitet und dazu einen Fototermin mit der Kultusministerin arrangiert. Als kürzlich ein Kollege eine Ausstellung mit Spickzetteln und

Schülerbriefchen organisiert und es damit sogar bis ins „Heute-Journal“ geschafft hat, fühlte sich der Schulleiter in einen regelrechten Glücksrausch versetzt. Dem habe ich mit meinen Geburtstagsbriefen oder mit meinen abendlichen Sprechstunden nicht viel entgegenzusetzen.

Pädagogische Qualität folgt für meinen Schulleiter einem einfachen Grundsatz: Gut ist alles, was im Scheinwerfer öffentlicher Aufmerksamkeit glänzt. Alle anderen Aktivitäten zählen für ihn zum pädagogischen Pflichtprogramm und sind deshalb keiner weiteren Erwähnung wert. Deshalb fällt für Lehrkräfte wie mich keine Beförderung ab, wird mir jede besondere Anerkennung verweigert. Dabei würde mir schon eine gewisse Wertschätzung reichen, um mich wirklich ernst genommen und ausreichend gewürdigt zu fühlen. Zwar erfahre ich durchaus eine solche Wertschätzung – aber es sind eben nur die unmittelbar Betroffenen, die mir eine solche Anerkennung zuteil werden lassen. Eine Wertschätzung von oben aber bleibt mir versagt. Inzwischen weiß ich, dass ich auf eine solche positive Rückmeldung nicht mein ganzes Lehrerleben lang verzichten kann – und auch nicht verzichten möchte.

Es ist der Fluch der Schule, dass sie gesellschaftliche Werte abbildet und aktuelle Entwicklungen widerspiegelt – wo es doch eigentlich ihre Aufgabe wäre, diese durch eine pädagogische Gegenkultur zu konterkarieren. Das gilt auch für die Spielregeln einer **auf öffentliche Effekte gebürsteten Zivilisation**. Wo alles nach öffentlicher Anerkennung und medialer Präsenz hechelt, wird sich die Schule dieser Eigendynamik auf Dauer nicht entziehen können. Das führt zu dem von Frau Pontzen sensibel beobachteten und genau beschriebenen Phänomen: Wer auf eine eher vordergründige Außenwirkung setzt, hat es an unseren Schulen leichter, anerkannt zu werden und sich durchsetzen zu können. Das hat auch mit der Rolle der Schulleiter zu tun, auf deren Anerkennung und Wertschätzung wir Lehrkräfte nun einmal angewiesen sind. Viele Schulleiter neigen dazu, uns aus lauter Sorge um das Ansehen der Schule nach dem Ausmaß unserer äußeren Wirksamkeit zu beurteilen. In ihren Augen bedeutet es einen **Imagegewinn für die ganze Schule**,

- → wenn hier bauliche Maßnahmen durchgeführt werden und das verbesserte Raumangebot der Öffentlichkeit präsentiert werden kann.
- → wenn sich einzelne Schüler oder ganze Klassen an einem Wettbewerb beteiligen und dafür mit einem Preis belohnt werden.
- → wenn sie sich mit einer Auszeichnung, einem Titel oder einem Gütesiegel schmücken darf und sich dadurch von anderen Schulen abheben kann.
- → wenn engagierte Lehrkräfte mit ihren Klassen ein spektakuläres Projekt durchführen und in den Medien darüber berichtet wird.

- → wenn an der Schule eine außergewöhnliche Veranstaltung stattfindet, die das Interesse der Öffentlichkeit auf ihre Schule lenkt.
- → wenn die Schüler durch soziale Aktivitäten auf sich aufmerksam machen und dieses Engagement öffentliche Anerkennung findet.
- → wenn hier bekannte Persönlichkeiten zu Besuch sind und deren Prominenz auch auf die Schule abstrahlt.
- → wenn an ihrer Schule eine Spendenaktion durchgeführt wird und anschließend in feierlichem Rahmen ein Scheck überreicht wird.

Das Interesse der Schulleiter an solchen Erscheinungsformen öffentlicher Wertschätzung ist zunächst völlig uneigennützig, weil es ihnen tatsächlich um den guten Ruf ihrer Schule geht. Manche Schulleiter übersehen darüber allerdings, was in ihrem Haus an guter pädagogischer Arbeit geleistet wird – nur weil es dem Fokus medialer Aufmerksamkeit entzogen ist.

Zwar können die Schulleiter darauf verweisen, dass sie sich mitsamt ihren Schulen in einem **immer härteren Wettbewerb** befinden. Dabei geht es um die Zahl der Anmeldungen, um das Ansehen der Schule in der Öffentlichkeit oder um die Beschaffung von Fördermitteln. Schulen, die mit positiven Meldungen auf sich aufmerksam machen, werden von den Eltern stärker nachgefragt und sind in der Regel finanziell besser ausgestattet. Ganz unabhängig davon, wie viel Mühe man sich hier mit einzelnen Schülern gibt und mit wie viel pädagogischem Herzblut die Lehrkräfte hier bei der Sache sind. Um sich solche Wettbewerbsvorteile zu sichern, gilt das Interesse der Schulleiter vor allem jenen Lehrern, die auf dem Jahrmarkt pädagogischer Eitelkeiten zu glänzen wissen.

Dabei ist überhaupt nicht erwiesen, was eigentlich den guten Ruf einer Schule ausmacht. **Dass sich die Eltern von positiven Schlagzeilen und von spektakulären Aktivitäten beeindrucken lassen** – diese Einschätzung ist zwar weit verbreitet, **hat sich aber bislang durch keine empirische Untersuchung erhärten lassen.** Im Gegenteil: Viele Eltern wünschen sich Lehrkräfte, die die individuellen Stärken und Schwächen ihrer Kinder ernst nehmen, die ein Beziehungsverhältnis zu ihren Schülern aufbauen und denen auch soziale oder musische Belange wichtig sind. Von solchen Lehrkräften versprechen sich die Eltern, dass ihre pädagogische Arbeit eine nachhaltige Wirkung erzielt. Und die zählt für sie mehr als das kurzatmig abgefackelte Strohfeuer spektakulärer Einzelaktionen.

Frau Pontzen wäre zunächst gut beraten, sich in ihrer Selbsteinschätzung nicht länger vom Urteil der Schulleitung beeindrucken zu lassen. Viel wichtiger sollte ihr die Wertschätzung der Schüler und Eltern sein, denn nur sie können als unmittelbar Betroffene die Qualität ihrer pädagogischen Arbeit in ihrer ganzen Tragweite beurteilen. Und die Erfahrung zeigt: Je selbstverständlicher das

Feedback im Klassenzimmer zur pädagogischen Kultur einer Schule gehört – umso weniger sind wir Lehrkräfte darauf angewiesen, von der Schulleitung mit regelmäßigen Streicheleinheiten bei Laune gehalten zu werden.

Darüber hinaus sollte sich die enttäuschte Kollegin darum bemühen, an ihrer Schule einen **Diskurs über die Qualität pädagogischer Arbeit** zu initiieren. Erst eine solche Auseinandersetzung kann klären, welche pädagogischen Werte an einer Schule hochgehalten werden und welche Prioritäten hier gelten sollen. Denn es kann nicht von der Führungsebene allein entschieden werden, was in Unterricht und Schulleben wirklich zählt. An einer solchen Meinungsbildung sollten möglichst viele Lehrer, Schüler und Eltern beteiligt werden. So wissen die Eltern sehr wohl zu schätzen, wenn sie die Klassenlehrerin ihrer Kinder auch nach Feierabend kontaktieren können. Und sie werden diesem Angebot einen höheren Stellenwert einräumen als einer medialen Omnipräsenz ihrer Schule. So bedeutet es den Schülern sehr viel, wenn ihnen zum Geburtstag mit einem persönlichen Schreiben gratuliert wird. Und ihnen werden solche Gesten wichtiger sein als irgendwelche Auszeichnungen oder Preise, mit denen sich die Schule gern brüstet. Deshalb werden die unmittelbar Betroffenen andere Prioritäten setzen wollen als die Schulleitung, werden sie deren Streben nach öffentlicher Aufmerksamkeit eine andere **Gewichtung der pädagogischen Basisarbeit** entgegensetzen.

Tipp

Um sich nicht wie Frau Pontzen dem eher einseitigen Urteil der Schulleitung auszuliefern, sollten Sie an Ihrer Schule einen Gesprächskreis anregen, in dem sich Schüler, Eltern und Lehrer gemeinsam über den Stellenwert pädagogischer Arbeit austauschen. Ein solches **Pädagogisches Forum** könnte der Diskussion über die Qualität von Bildung und Erziehung eine neue Richtung geben und ein Kontrastprogramm zur öffentlichen Selbstdarstellung der Schule entwickeln. Dafür sollte sich das Pädagogische Forum jeweils ein Thema vornehmen, das im Alltag von Schule und Unterricht zu besonderen Belastungen führt – und dazu Problemlösungen erarbeiten. Damit würde deutlich, dass sich solche Konflikte durch die mediale Umtriebigkeit der Schule allenfalls verdrängen, aber nicht wirklich lösen lassen.

Die in den Windschatten direktoraler Wertschätzung abgedrängte Kollegin sollte sich nicht zurückziehen, sondern lieber die Flucht nach vorn antreten. Schließlich wird manchen Schulleitern erst über eine **Qualitätsdebatte** bewusst, dass gute pädagogische Arbeit ganz ohne Showeffekte auskommt. So könnte sich Frau Pontzen in den Diskurs um den Wert pädagogischer Arbeit einbringen, indem sie

- → einen Fortbildungstag für die ganze Schule beantragt, bei dem Kriterien für den pädagogischen Erfolg erarbeitet werden und sich die Lehrkräfte dazu externen Sachverstand einholen.
- → gemeinsam mit einer Kollegin ein Lehrertandem bildet, um sich im pädagogischen Tagesgeschäft gegenseitig zu beobachten, auszutauschen und zu unterstützen.
- → in der Steuergruppe ihrer Schule mitarbeitet, in der die Weichen für die Weiterentwicklung von Unterricht und Schulleben gestellt werden – auch wenn diese Arbeit der öffentlichen Aufmerksamkeit entzogen ist.
- → sich an der Formulierung eines Leitbilds oder eines Schulprogramms beteiligt, um hier die Eckwerte einer pädagogischen Agenda zu entwickeln und entsprechende Akzente zu setzen.
- → zusammen mit anderen erreicht, dass die Schüler ihren Lehrern ein regelmäßiges Feedback geben und sich dabei nicht von irgendwelchen öffentlichen Auftritten blenden lassen.

Ganz im Sinne der verkannten Lehrerin arbeiten an manchen Schulen **Qualitätszirkel**, um ein Nachdenken über gute pädagogische Arbeit anzuregen und den öffentlichkeitswirksamen Aktionismus der Schulleitung kritisch zu hinterfragen. Die Arbeit eines solchen Zirkels ist im Folgenden beispielhaft dargestellt.

Auf der Suche nach gemeinsamen Werten: In einem Qualitätszirkel mitarbeiten

In vielen Unternehmen ist es längst selbstverständlich, einzelne Arbeitsabläufe oder Produktionsbedingungen auf den Prüfstand zu stellen, mögliche Defizite ausfindig zu machen und dafür Problemlösungen zu entwickeln. Um einen Qualitätszirkel handelt es sich, wenn diese Arbeit von einem Team geleistet wird und die beteiligten Kollegen in der Betriebshierarchie auf derselben Ebene verortet sind. Inzwischen haben auch einzelne Schulen erkannt, dass ihnen ein solcher Qualitätszirkel helfen könnte, **Fehlentwicklungen zu diagnostizieren** und diese **durch entsprechende Lösungsvorhaben zu überwinden.** So kann sich ein Qualitätszirkel darüber Gedanken machen, wie sich der Wechsel zwischen zwei Schularten besser organisieren lässt, und ein anderer kann sich damit beschäftigen, wie man Schülern mit Teilleistungsstörungen besser gerecht werden kann. Wie in jedem Betrieb ist eine solche Qualitätsarbeit im Team nur dann sinnvoll, wenn sie nicht von hierarchischen Strukturen durchbrochen wird, wenn es also **gleichberechtigte und gleichgestellte Kollegen** sind, von denen diese anspruchsvolle Arbeit geleistet wird. Ausgangspunkt der Zirkelarbeit sind jeweils Probleme, die sich im Rahmen der pädagogischen Alltagsarbeit stellen und für die im Interesse aller Lehrkräfte nach einer Lösung gesucht werden muss:

Thema des Qualitätszirkels	Fragestellungen für die Zirkelarbeit
Individuelle Förderung	▪ Wie lassen sich die Schüler sachkundig diagnostizieren? ▪ Welche besonderen Fördermaßnahmen können in den Unterricht integriert werden? ▪ Wie kann den Schülern mit individuellen Förderplänen geholfen werden? ▪ Für welche Kurse und Maßnahmen besteht an der Schule zusätzlicher Bedarf? ▪ Wie lassen sich die Erfolge der Förderarbeit zuverlässig evaluieren?
Differenzierung im Klassenzimmer	▪ Wie viel Heterogenität verträgt eine Lerngruppe? ▪ Nach welchen Kriterien lassen sich unterschiedliche Lerngruppen bilden? ▪ Welche Chancen und Risiken birgt das Prinzip der Angebotsdifferenzierung? ▪ Welche Methoden eignen sich für eine differenzierte Lernorganisation? ▪ Wie soll die Leistungserhebung in heterogen zusammengesetzten Klassen erfolgen?
Hilfen für Kinder mit Migrationshintergrund	▪ Wie verteilen sich die betroffenen Schüler auf die unterschiedlichen Migrantengruppen? ▪ Welche sprachliche Förderung brauchen Schüler mit Migrationshintergrund? ▪ Wie viel muttersprachlicher Unterricht soll für Migrantenkinder angeboten werden? ▪ Wie lassen sich die Eltern am Bildungsangebot der Schule beteiligen? ▪ Wie können sich die Lehrkräfte in interkultureller Kompetenz weiterbilden?
Mädchen- und Jungenförderung	▪ Welche Anreize helfen den Mädchen in naturwissenschaftlichen und technischen Fächern? ▪ Ist die differenzierte Koedukation in einzelnen Fächern sinnvoll? ▪ Mit welchen methodischen Arrangements lassen sich die Jungen erreichen? ▪ Welche Angebote der Leseförderung werden von den Jungen auch angenommen? ▪ In welchen Klassen und Jahrgängen sind männliche Lehrkräfte besonders wichtig?

Thema des Qualitätszirkels	Fragestellungen für die Zirkelarbeit
Umgang mit Disziplinkonflikten	▪ Durch welche Störungen wird der Unterricht am meisten belastet? ▪ Welche Verhaltensauffälligkeiten lassen sich auf psychische Belastungen zurückführen? ▪ Wie lassen sich Unterrichtsstörungen durch strukturelle Eingriffe vermeiden? ▪ Durch welche besonderen Maßnahmen lassen sich Schulstrafen ersetzen? ▪ Wie lassen sich die Schüler für einen Wertediskurs im Klassenzimmer gewinnen?
Arbeit in Ganztagsklassen	▪ Wie verläuft die Leistungskurve der Schüler im Querschnitt eines Schultages? ▪ Welche Zeitstruktur ist den besonderen Bedürfnissen der jungen Leute angemessen? ▪ Welche pädagogischen Grundsätze gelten für die Übungs- und Förderphasen in Ganztagsklassen? ▪ Wie lässt sich das schulische Lernen so umgestalten, dass keine Hausaufgaben mehr anfallen? ▪ Welche Möglichkeiten der Zusammenarbeit gibt es mit außerschulischen Kooperationspartnern?

Nicht alle Lehrer sind gleichermaßen geeignet, in einem solchen Team mitzuarbeiten. So sollten die Qualitätszirkel-Mitglieder **sensibel** genug sein, um auch weniger augenfällige Probleme wahrzunehmen, aber auch die nötige **Kreativität** mitbringen, um bei der Erarbeitung von Lösungen eher ungewöhnliche Wege zu gehen.

Die Mühen der Ebenen

Heidi Kolbhoff (58), *Grundschullehrerin*

Ich mache einen guten Job. Jedenfalls wird mir das von den Schülern, Eltern und Kollegen bescheinigt. Sie wissen zu würdigen, dass ich meine Stunden aufwändig vorbereite, dass ich die Klassenarbeiten gewissenhaft korrigiere und dass ich mir die persönlichen Sorgen und Nöte meiner Schüler zu Herzen nehme. Lange Zeit war ich mir ganz sicher: Dieses Engagement würde auch meinen Vorgesetzten auffallen und eines Tages mit einem Karrieresprung oder wenigstens mit einer Beförderung belohnt werden. Inzwischen liegen 28 Berufsjahre hinter mir, ohne dass ich ein entsprechendes Angebot erhalten hätte.

Umso mehr irritiert es mich, dass ich inzwischen von deutlich jüngeren Kollegen überholt werde. Diese nehmen die Herausforderungen des pädagogischen Alltags eher auf die leichte Schulter, wissen sich aber mir ihren organisatorischen Aktivitäten geschickt in Szene zu setzen – sodass sie sich schon in jungen Jahren über eine Beförderung zum Fachbetreuer oder zum Konrektor freuen können. Offensichtlich zahlt es sich aus, einen solchen Aufstieg konsequent zu planen und seine schulischen Auftritte diesem strategischen Masterplan unterzuordnen.

Ich dagegen habe meine besten Jahre damit verbracht, mir für meine Klassen knifflige Lernspiele auszudenken und kranke Schüler in der Kinderklinik zu besuchen. Das rächt sich jetzt. Meine berufliche Laufbahn erinnert an eine Wanderung durch flaches Gelände. Statt mich mit der Herausforderung eines Höhenwegs oder mit dem Erlebnis einer besonders schönen Aussicht belohnen zu dürfen, bleiben mir nur die Mühen der Ebenen. Weil ich mir keine Hoffnung auf eine Beförderung mehr mache, fehlt mir jede berufliche Perspektive.

Dieser Klage der enttäuschten Kollegin könnten sich die meisten Lehrer anschließen: Zwar liegen ihre Einkünfte deutlich über dem Durchschnitt der OECD-Länder, dafür haben sie nur geringe Chancen auf einen beruflichen Aufstieg. Als ungerecht empfinden es viele Lehrkräfte, dass die **Beförderungschancen je nach Schulart sehr unterschiedlich** ausfallen. So sind an Grundschulen über die Schulleiterin und ihren Stellvertreter hinaus keine Beförderungsstellen vorgesehen. An Gymnasien dagegen setzen 65 % der Stellen eine Beförderung voraus. Hier wird den Kollegen ein Aufstieg also erheblich leichter gemacht. Außerdem kommen für eine Beförderung **in der Regel nur verbeamtete Lehrkräfte** infrage. Im Angestelltenverhältnis ist ein solcher Karrieresprung überhaupt nicht vorgesehen. Und das gilt immerhin für ein Viertel aller Lehrkräfte. In den meisten Fällen ist eine Beförderung mit der Übernahme einer besonderen schulischen Funktion verbunden – sei es als Beratungslehrer, als Stufenkoordinator oder als Öffentlichkeitsreferent.

Frau Kolbhoff hat es offensichtlich versäumt, sich **rechtzeitig über die Möglichkeiten eines beruflichen Aufstiegs zu informieren.** Dabei wäre eine solche Nachfrage nichts Ehrenrühriges gewesen. Schließlich ist jeder Aufstieg auch Ausdruck einer beruflichen Weiterentwicklung. So hätte sich die Grundschullehrerin bei einem Mitglied der Personalvertretung erkundigen können,

- ➔ welche Beförderungsstellen für sie überhaupt infrage kommen und ob damit der Wechsel an eine andere Schule verbunden wäre.
- ➔ welche Qualifikationen dafür verlangt werden und ob sie diese Voraussetzungen überhaupt erfüllt.
- ➔ wie das Bewerbungsverfahren abläuft und nach welchen Kriterien eine offene Stelle besetzt wird.

Vielleicht hätte ein solches Gespräch der engagierten Lehrerin vor Augen geführt, dass mit einer Beförderungsstelle auch eine Verlagerung ihrer Arbeitsschwerpunkte verbunden wäre: Wer sich für die Funktion einer Stundenplanreferentin, eines Abteilungsleiters oder einer Konrektorin entscheidet, wird viele Stunden am Schreibtisch verbringen und weniger Zeit für seine Schüler haben. Und nicht nur Frau Kolbhoff hätte sich fragen müssen, ob sie das überhaupt will. Offensichtlich werden **administrative Tätigkeiten in unserem Schulsystem höher bewertet als jedes pädagogische Engagement**. Diese absurde Praxis ist durch nichts zu rechtfertigen – und dennoch wird an ihr mit bürokratischer Sturheit festgehalten. Anscheinend gibt es aber genügend Kollegen, die die Übernahme zusätzlicher Verwaltungsaufgaben reizt und die sich dieser Herausforderung gern stellen. Sie sollten rechtzeitig damit beginnen, sich um erste Weichenstellungen für den beruflichen Aufstieg zu bemühen. Eine geeignete Form dafür ist ein Portfolio, das Auskunft über die berufliche Entwicklung eines Lehrers gibt.

Tipp

Legen Sie sich zu Beginn Ihrer beruflichen Laufbahn ein **Portfolio** zu, mit dem Sie Ihre Ambitionen auf eine spätere Beförderung unterfüttern. Dazu sammeln Sie in einer Mappe offizielle und inoffizielle Schriftstücke, an denen sich ihre berufliche Entwicklung nachzeichnen lässt: Bescheinigungen über die Teilnahme an pädagogischen Fortbildungen, Präsentationen herausragender Unterrichtsprojekte, Presseberichte über ehrenamtliche Aktivitäten oder eigene Veröffentlichungen in Verbandszeitschriften. So sind ihre besonderen Erfahrungen, Leistungen und Qualifikationen dokumentiert. Auf der Basis eines solchen Portfolios lassen sich dann später vorzeigbare Bewerbungsprofile entwickeln und berufliche Aufstiegschancen erfolgreich nutzen.

Vielleicht ist Frau Kolbhoff gar nicht daran interessiert, sich durch die Übernahme organisatorischer oder administrativer Aufgaben zu profilieren. Vielleicht geht es der erfahrenen Lehrerin eher darum, dass ihre pädagogische Arbeit endlich einmal anerkannt und ihr besonderes Engagement angemessen gewürdigt wird. Denn in einer solchen Beförderung kommt eine besondere Wertschätzung zum Ausdruck, auf die auch Frau Kolbhoff Anspruch hätte. Darüber hinaus ist die Schule als ein hierarchisches System organisiert: Wer hier aufsteigt, hat mehr zu sagen als andere. Wer eine besondere Aufgabe übernimmt, hat **mehr zu verwalten, aber auch mehr zu gestalten**. Und das macht den beruflichen Aufstieg auch für jene attraktiv, denen eine finanzielle Besserstellung nicht viel bedeutet.

Jenseits von Karriere und Beförderung: Besondere Funktionen in der Schule übernehmen

Die 58 Jahre alte Grundschullehrerin hat längst eingesehen, dass es mit einer Beförderung wohl nichts mehr wird. An ihrem Wunsch nach Wertschätzung und Gestaltungsfreiheit sollte sie aber dennoch festhalten. Auch jenseits von Amt und Würden hat eine Lehrerin Anspruch darauf, dass

- ➔ sie über das Klassenzimmer hinaus Verantwortung für die ganze Schule übernimmt.
- ➔ sie an ihrer Schule eine ganz besondere Rolle spielt und in dieser herausgehobenen Funktion auch wahrgenommen wird.
- ➔ dass sie einen eigenständigen Beitrag zur Schulentwicklung und zum Schulprofil leistet.
- ➔ dass sie sich mit ihren individuellen Erfahrungen und Interessen in das Schulleben einbringen kann.
- ➔ dass ihre Kompetenz anerkannt und von den Kollegen und Schülern regelmäßig in Anspruch genommen wird.

Gerade Lehrkräfte, die bei der Vergabe von Beförderungsstellen übergangen wurden, sollten sich in diesem Sinne profilieren können. Am besten dürfte ihnen das gelingen, wenn sie besondere Aufgaben übernehmen und sich damit im Kollegium und unter den Schülern einen Namen machen. In der Diktion des Dienstrechts handelt es sich hier um **nicht laufbahnrelevante Funktionen**. Diese Einschränkung sagt noch nichts über deren Bedeutung für Schulleben und Schulentwicklung aus.

Tipp

Bitten Sie Ihre Schulleitung um ein Gespräch, wenn Sie keine Aussicht auf eine Beförderung haben und wenn Sie sich durch diesen Tatbestand frustriert fühlen. Und **fordern Sie von der Schulleitung ein entsprechendes Angebot ein.** Schließlich gehört es zu den Amtspflichten einer Schulleiterin, die Lehrkräfte so einzusetzen, wie es deren Neigung und Eignung entspricht. Und auch das gehört zur dienstlichen Fürsorge, auf die jeder Kollege Anspruch hat: Dass ihm neue berufliche Perspektiven eröffnet werden – auch wenn damit kein beruflicher Aufstieg und keine finanzielle Besserstellung verbunden sind.

Die folgende Aufstellung zeigt, dass auf jede Lehrkraft auch außerhalb des Klassenzimmers wichtige und interessante Aufgaben warten:

Arbeitsschwerpunkte	Beispiele
der Schulleitung zuarbeiten	▪ aktuelle Baumaßnahmen beaufsichtigen ▪ die lernmittelfreien Bücher verwalten ▪ die schulische Hausaufgabenbetreuung leiten ▪ den Notenmanager einrichten ▪ den muttersprachlichen Unterricht koordinieren ▪ Vertretungen und Pausenaufsichten einteilen
besondere Verantwortung übernehmen	▪ den Computerraum der Schule betreuen ▪ sich um die Belange der Jungen kümmern ▪ Maßnahmen zur Leseförderung initiieren ▪ Schulfahrten und Wandertage organisieren ▪ für die Sicherheit im Schulhaus verantwortlich zeichnen ▪ Schüler mit Suchtproblemen beraten
die Öffentlichkeitsarbeit unterstützen	▪ ein neues Corporate Design für die Schule entwerfen ▪ die Redaktion des Elternbriefs übernehmen ▪ die lokalen Medien kontaktieren ▪ die Homepage der Schule pflegen ▪ die AG „Schülerzeitung“ beraten ▪ den Jahresbericht redaktionell betreuen
Kontakte pflegen	▪ mit der Hortleitung zusammenarbeiten ▪ mit dem Förderverein der Schule kooperieren ▪ den Kontakt zum Jugendamt aufrechterhalten ▪ sich um ausgeschiedene Kollegen kümmern ▪ den Austausch mit anderen Schulen organisieren ▪ die Schule im Stadtteilarbeitskreis vertreten
in Gremien mitarbeiten	▪ sich in den Disziplinarausschuss entsenden lassen ▪ sich in einer Projektgruppe engagieren ▪ das eigene Fach im Lehrmittelausschuss vertreten ▪ sich in die Schulkonferenz wählen lassen ▪ die Schulentwicklung im Pädagogischen Beirat begutachten ▪ in der Steuergruppe der Schule mitarbeiten
schulische Projekte betreuen	▪ das bewegliche Klassenzimmer betreuen ▪ den Umbau des Pausenhofs koordinieren ▪ den Ablauf der Projekttage verantworten ▪ das Schuljubiläum planen und vorbereiten ▪ das alljährliche Sommerfest organisieren ▪ die Einrichtung eines Trainingsraums voranbringen

Arbeitsschwerpunkte	Beispiele
Arbeitsgemeinschaften anbieten	▪ die Arbeit der Schulsanitäter unterstützen ▪ die Tutoren anleiten ▪ eine Erfinderwerkstatt einrichten ▪ das Fotolabor der Schule betreuen ▪ die Redaktion des Schulradios beraten ▪ Schüler zu Streitschlichtern ausbilden
sich innerhalb des Kollegiums engagieren	▪ im Betriebsrat der Schule mitarbeiten ▪ die Freude-und-Leid-Kasse verantworten ▪ die GEW-Mitglieder mit Material versorgen ▪ jüngere Lehrkräfte als Mentor unterstützen ▪ den Kollegensport koordinieren ▪ die Lehrerausflüge organisieren

Vielleicht ist Frau Kolbhoff literarisch interessiert. Dann sollte es sie reizen, die Leseförderung an ihrer Schule zu koordinieren und die Schülerbücherei zu betreuen. Vielleicht wohnt sie aber auch in unmittelbarer Nachbarschaft der Schule. Dann könnte es sinnvoll sein, wenn sie im zuständigen Stadtteilarbeitskreis mitarbeitet – nicht weil es dabei irgendetwas zu verdienen gibt, sondern weil damit neue Herausforderungen und Erfahrungen verbunden sind: Mit der Übernahme besonderer Aufgaben könnte Frau Kolbhoff etwas gegen den aktuellen Stillstand ihrer Berufsbiografie unternehmen.

Quellen und Medientipps

(1) Informationen nach: *Joachim Bauer:* **Die Freiburger Schulstudie** auf www.bug-nrw.de/cms/upload/pdf/Freiburg.pdf, 2004, S. 1

(2) Informationen nach: DIE WELT vom 31. Januar 2013

(3) Informationen nach: *Barmer GEK et al.:* **Lust auf Schule. Modul Lehrkräftegesundheit**, Gütersloh 2011, S. 5

(4) Informationen nach: *A. Weber* (2004) in *Andreas Hillert:* **Lehrergesundheit zwischen Flow und Burnout** auf www.schulberatung.bayern.de/imperia/md/content/schulberatung/pdf/regensburg___lehrergesundheit.pdf, S. 13

(5) Informationen nach: *Jonas Lanig:* **Gegen Chaos und Disziplinschwierigkeiten. Eigenverantwortung in der Klasse fördern**, Verlag an der Ruhr, Mülheim an der Ruhr 2004, S. 80

(6) Informationen nach: *Egon Tegge:* **Feste Arbeitsplätze in der Schule**, in: Pädagogik 1/2013, S. 14ff.

(7) Zitiert in: *Jeannette Otto:* **Nachsitzen!**, in: DIE ZEIT 16/2010

(8) Informationen nach: *Statistisches Bundesamt 2012/2013* auf www.destatis.de

(9) Zitiert in: *Jonas Lanig:* **Jungenförderung im Klassenzimmer. Mit einem veränderten Selbstverständnis zu besseren Leistungen**, in: Starke Lehrer – starke Schule, Raabe, Stuttgart 2012, S. 2

(10) Zitiert in: *Myles L. Cooley:* **Mit Lernschwierigkeiten und psychischen Auffälligkeiten umgehen**, Verlag an der Ruhr, Mülheim an der Ruhr 2007, S. 139 und 155

(11) Zitiert in: *Franz Petermann, Sandra Winkel:* **Selbstverletzendes Verhalten**, Hogrefe, Göttingen 2009, S. 51

(12) Zitiert in: *Hermann Glaser, Jakob Lehmann, Arno Lubos (Hrsg.):* **Wege der deutschen Literatur. Ein Lesebuch**, Ullstein, Berlin 1970, S. 107

(13) Informationen nach: *LandesSchülerRat Sachsen* auf www.lsr-sachsen.de

(14) Zitiert auf: ZEITonline 3/2005

(15) Informationen nach: *Jonas Lanig:* **Lobby ohne Lobbyisten. Lokale Bildungsbündnisse mischen sich ein**, in: Humane Schule, Oktober 2009, S. 16

(16) Informationen nach: *Michael Kanders, Ernst Rösner:* **Das Bild der Schule im Spiegel der Lehrermeinung**, in: *Wilfried Bos (Hrsg.):* Jahrbuch der Schulentwicklung, Bd. 14, Beltz Juventa, Weinheim 2006, S. 33

(17) a.a.O., S. 36

(18) Informationen nach: www.gymnasium-kirchheim.de

[19] Informationen nach: *Frauke Lüpke-Narberhaus:* **Jeder sechste Lehrer fühlt sich gemobbt** auf SPIEGEL Online am 13. November 2012

[20] Informationen nach: *Ministerium für Schule und Weiterbildung in Nordrhein-Westfalen:* **Prognosen zum Lehrerarbeitsmarkt in Nordrhein-Westfalen**, Düsseldorf 2011, S. 10

[21] Informationen nach: *LandesSchülerRat Sachsen* auf www.lsr-sachsen.de

[22] Zitat auf: www.bremen.beck.de/?bcid=Y-100-G-BrLehrerDO

[23] a.a.O.

Darüber hinaus finden Sie auch in folgenden Büchern hilfreiche Informationen und praktische Tipps:

Thomas Bendlin et al.: **An der Brennpunktschule – was nun? Best-Practice-Beispiele für den Umgang mit besonderen Herausforderungen**, Verlag an der Ruhr, Mülheim an der Ruhr 2014, ISBN 978-3-8346-2616-5

Josef Kraus: **Helikopter-Eltern. Schluss mit Förderwahn und Verwöhnung**, Rowohlt, Reinbek 2013, ISBN 978-3-498-03409-2

Landesinstitut für Schulentwicklung (Hrsg.): **Erfahrungen mit veränderten Schulraumkonzepten**, Stuttgart 2010 auf www.ls-bw.de/Handreichungen/pub_online/NL02.pdf

Jonas Lanig: **Typischen Konflikten im Lehreralltag begegnen. Fallbeispiele und konkrete Handlungsempfehlungen**, Verlag an der Ruhr, Mülheim an der Ruhr 2014, ISBN 978-3-8346-2512-0

Lena Morgenthau: **Klassen organisieren ohne Worte. Signalkarten für die Sek I**, Verlag an der Ruhr, Mülheim an der Ruhr 2004, ISBN 978-3-86072-881-9

Melissa Opitz (Hrsg.): **Handreichung zur Organisation und Arbeit eines Jahrgangsteams**, Serviceagentur „ganztägig lernen“ Sachsen-Anhalt, Magdeburg 2013

Heike Schnoor, Artur Mietens, Carmen Lange: **Qualitätszirkel. Theorie und Praxis der Problemlösung an Schulen**, Schöningh/UTB, Paderborn/Stuttgart 2006, ISBN 978-3-8252-2757-9

Rebecca Thömmes: **So stimmt es mit der Stimme. Übungen zur Sprech- und Stimmbildung für Lehrer**, Verlag an der Ruhr, Mülheim an der Ruhr 2011, ISBN 978-3-8346-0763-8

Ralph Zeiler: **Kollegiale Fallberatung in der Schule. Warum, wann und wie?** Verlag an der Ruhr, Mülheim an der Ruhr 2012, ISBN 978-3-8346-2235-8